周 晶/著

中国保险公司
非量化风险评估研究

NON-QUANTITATIVE RISK ASSESSMENT RESEARCH
IN CHINESE INSURANCE COMPANY

中国财经出版传媒集团

经济科学出版社
Economic Science Press

图书在版编目（CIP）数据

中国保险公司非量化风险评估研究/周晶著 . —北京：
经济科学出版社，2016.6
ISBN 978 - 7 - 5141 - 7084 - 9

Ⅰ.①中… Ⅱ.①周… Ⅲ.①保险公司 - 风险评价 -
研究 - 中国 Ⅳ.①F842.3

中国版本图书馆 CIP 数据核字（2016）第 157735 号

责任编辑：杜 鹏 刘 瑾
责任校对：郑淑艳
版式设计：齐 杰
责任印制：邱 天

中国保险公司非量化风险评估研究
周 晶/著
经济科学出版社出版、发行 新华书店经销
社址：北京市海淀区阜成路甲 28 号 邮编：100142
总编部电话：010 - 88191217 发行部电话：010 - 88191522
网址：www. esp. com. cn
电子邮件：esp@ esp. com. cn
天猫网店：经济科学出版社旗舰店
网址：http：//jjkxcbs. tmall. com
北京万友印刷有限公司印装
710 × 1000 16 开 11.75 印张 220000 字
2016 年 12 月第 1 版 2016 年 12 月第 1 次印刷
ISBN 978 - 7 - 5141 - 7084 - 9 定价：49.00 元
（图书出现印装问题，本社负责调换。电话：010 - 88191502）
（版权所有 侵权必究 举报电话：010 - 88191586
电子邮箱：dbts@ esp. com. cn）

前　　言

　　长期以来，无论是金融监管还是保险监管，或者是保险公司内部的全面风险管理（ERM），其重要的关注点都在于对资本的监管和管理，而合理的资本计算标准必须建立在对风险的合理度量基础之上。什么是"度量"？要回答这个问题，需要先明确"风险"的含义。这是一个环环相扣的问题，没有回答好"风险"和"风险度量"这两个问题，就无法合理地度量风险，更无法合理地计算资本。

　　但是，对已有的相关研究进行总结和分析表明，这项基础性的工作并未很好地完成，"风险"和"风险度量"这两个基础概念的含义都不够明确。保险公司经营过程中所面临的各种风险中，究竟有多少风险能够被度量？不能度量的风险又该如何管控？这些都是中国保险业中亟待解决的重要问题，既是理论问题，更是实践问题。

　　在此背景下，笔者提出：从最基础的"风险"的概念出发，通过界定这个基础概念的内涵和构成要素，包括厘清各构成要素之间的逻辑，进而明确"风险度量"的确切含义，并发现，以保险公司面临的风险为对象，"非量化风险"（Non-quantitative/Qualitative Risk）是保险业和保险公司当前的主要矛盾，或者说是比"可量化风险"（Quantitative/Measurable Risk）更为显著的风险，需要受到监管者或管理者的高度重视并寻求比追加资本要求更好的管控方法。这部分属于本书的理论基础部分。

　　应用方面，本书直接针对保险业和保险公司的非量化风险，直接目标是设计出一套适合中国保险业的评估保险公司非量化风险的体系，平行于欧盟一直在研发的 Solvency Ⅱ 监管制度体系中的"保险公司风险与偿付能力自评系统（Own Risk and Solvency Assessment，ORSA）"，为中国保险业正在积极研制的"第二代偿付能力监管制度体系"相关议题提供研究参考。

鉴于保险业和保险公司风险构成的复杂性，本书从深度和广度两个方向推进。

深度方面，重点关注保险公司的战略风险、操作风险、信用风险等，方法是在前面关于风险概念的理论研究基础之上，按照识别风险主要导因的方式，重新审视上述几类重要风险的形成和演变规律，识别和细分各自的主要导因，从而实现从风险的源头，而不是从风险的后果去控制风险，即基于风险的导因设计风险的评估体系。

广度方面，考虑到风险的演变尤其是风险的传导规律，本书分别从业务层面、公司层面、行业层面和宏观层面分析我国保险业存在的风险，研究行业和宏观层面风险与保险公司风险尤其是非量化风险的关系。本书基于对风险概念的界定，提出一套与传统和现行主流方法完全不同的研究思路和方法，通过识别不同层面风险的风险主体、预期目标以及导致风险的外因和内因，从而提出评估方法建议。

总之，本书从风险这个最为基础的概念开始，以一种全新的思路和方法，研究保险公司的非量化风险及其评估体系，在理论和应用两个方面有以下贡献和创新。

1. 以全新的视角，重新定义了"风险"的基本概念，并揭示了风险的动态特征和风险的形成与演变规律。风险被定义为与某一主体（Principal）及其预期目标（Expected Objectives）相关联的、由"外部导因（External Cause）"、"内部导因（Internal Cause）"和"综合效应（Combined Effect）"这三个要素构成的一个动态过程。而传统和现有的各种风险定义中，只关注了"综合效应"一个要素，只重结果不重原因，而且都采用静态定义。这样一来，本书从根源上建立了与传统理论不同的、用于研究风险监管和管理的新视角和新平台。

2. 首次明确界定了"风险（Risk）"与"不确定性（Uncertainty）"之间的关系，明确将"不确定性（Uncertainty）"定义为风险主体无法控制或无法预知的外部状态，即"不确定性＝主体不知道的事情 Uncertainty = Unknowns"，这里有"知道的不知道（known unknowns）"，也有"不知道的不知道（unknown unknowns）"。采用风险决策理论（Theory of Decision Making under Risk and Uncertainty）的分析框架，将"不确定性（Uncertainty）"界定为"风险（Risk）"的外部导因。这与传统理论中，如以"芝加哥学派"奠基人 Knight（1921）为代表的、混淆二者区别的相关理论形成鲜明差别，为进一步研究经济学中的这两个重要概念提供了一种新思路。

3. 同样在风险决策理论的框架下，首次根据"风险度量"的概念将其分为两类。第一类度量问题，以某一主体的某一决策问题框架为参照，为了比较决策策略之间的优劣而去比较策略对应的随机变量之间的"大小"关系。第二类度量问题，是以某一决策问题的决策后果集为参照，由研究者去比较或度量不同决策者关于风险的态度或偏好大小。在此划分下，进一步将第一类度量问题细分为"完全度量（Complete Measurement）"和"部分度量（Partial Measurement）"两类，给出了两种情形下的具体例子。这一系统的划分方式，清晰地给出了"风险度量"的含义，不仅为分析和比较各种风险度量模型的优劣提供了一个完整的参照坐标，其更大的价值在于可以清晰地回答什么叫做一种风险被度量了？在多大程度上被度量了？这也为进一步的研究奠定了必要的基础。

4. 在重新给出的风险新定义的基础上，本书还在现有的关于风险分类的各种方法基础上，增加了一种新的分类方法，称其为"主要导因法（Main Driving Cause Approach）"，即在按分布层面分类和按是否可以量化分类的基础上，进一步识别和分析现有分类下各风险科目的主要导因，从而获得对风险的更加全面和深入的认识，为管控风险提供更多、更关键的信息。以"操作风险"和"信用风险"等具体风险为例，通过识别其各自的风险导因，包括对外部导因和内部导因的细分，发现一些风险的名称及其所包含的内容很不利于风险监管或管理的目的，建议保险业不应采用现有名称，而应该按照具体的导因命名更多的风险科目。

5. 根据新的"风险"理论，建立了一套新的风险评估方法，通过对风险概念中各主要构成要素进行识别、确认、评价、分析与综合的过程，目的在于揭示风险的潜在影响效应以及形成与演变规律。这套评估方法称其为"由果及因"法，其设计原理正是从风险的结果出发去追溯风险的源头，即追溯导致风险的外部原因和内部原因，并分析外因与内因的交互过程及其影响效应。这套方法还有一个创新之处在于强调区分风险主体并明确其预期目标，实现对不同规模公司的区别考虑。整个风险评估研究平行于欧盟 Solvency II 中的 ORSA 系统，希望它可以为中国保险业正在研究的"偿二代"第二支柱建设提供借鉴或参考。

作　者

2016 年 6 月

目　　录

第一章

导　　论

第一节　研究意义

这是一项关于风险的研究，一项关于保险业和保险公司定性风险或非量化风险的研究，研究这类风险的形成和演变规律、合理分类，尤其是评估这类风险的方法。

对笔者来说，选择做这项研究，本身就要冒一定"风险"。风险之一，是被质疑是否还有研究这一选题的必要，是否已经被前人研究得很透彻了，还能得出什么有意义的结果？

为此，有必要从理论意义和实践价值两个方面先对选题进行考量。

一、理论意义

关于风险这一既古老又现实的基础概念，最近有一篇非常系统和全面的研究综述即 Roogi 和 Ottonelli （2013）[①]，两位学者从最原始的西班牙文、拉丁文和阿拉伯文化中关于"风险"这个词汇的形成和内涵演变开始，经历了从古典经济学派 （Classical Economics School）、芝加哥经济学派 （Chicago School of Economics） 到现代金融学研究领域中一系列经济学大师及诺贝尔经济学奖得主的关于风险这一基础概念的一代又一代的卓越研究贡献，以芝加哥经济学派的创始人 Frank Knight 教授为例，他当年的博士论文 （Risk， Uncertainty and Profit） 就是研究风

[①] Chapter 1 of The Managing and Measuring Risk： Emerging Global Standards and Regulations After the Financial Crisis， edited by Roggi O. & Edward I. Altman， Vol. 5 of the World Scientific Series in Finance， World Scientific Publishing Co Pte Ltd， 2013.

险与经济利益的关系，其博士论文出版为专著 Knight（1921）后，成为现代经济学的经典著作。再如同样出自于芝加哥经济学派体系的 Henry Markowitz，其博士论文同样选择研究投资风险与投资回报的关系，其研究成果也同样成为现代金融学的奠基性文献。如此这般的更多例子，都在 Roogi and Ottonelli（2013）的综述中进行了盘点。

那么，要像历代的经济学大师那样，对风险进行研究，还有可能吗？还有空间吗？答案是肯定的。这篇综述文献及其专著，已经对此作了最好的说明。

二、实践价值

以保险业为例，这是专门以风险为对象的金融服务领域。这里面有三个主要的行为主体，保险消费者、保险公司和保险监管机构。保险消费者愿意花钱来规避或化解的，是风险；保险公司想通过经营来获取商业利润的，是风险；监管机构依法监管的对象，也是风险。保险服务业已经有了几百年的历史，经营风险的经验也相应地积累了几百年。还要笔者研究什么新的东西呢？

笔者选择这项研究，不仅仅是从理论出发，也不仅仅是因为读了经济学大师的研究成果，也想成为他们那样的人。实际上，笔者选择做这项研究，正是从我国保险业的实际问题出发的，是因为我国保险业未来发展过程中需要解决的若干重大问题，都与这项研究密切关联，都依赖于本研究的研究进展和解决程度。

以下以保险公司作为主体，分别从外部视角和内部视角进行论述，说明本研究的意义和价值。

（一）实践价值考量——外部监管视角

外部视角是指监管视角，具体指我国保险业从 2012 年 3 月开始启动的、计划用 3～5 年时间完成和实施的"第二代偿付能力监管制度体系"建设工作中亟待解决的若干重大问题，如以下两个关键问题。

第一，建设我国保险监管框架中的第一支柱和第二支柱，需要投入大量的人力物力和行业资源，如果受现有资源限制并能任意或等量投入，那么，应该先重点建设哪一条支柱呢？或者说哪一条支柱的建设工作更为重要和迫切？

按照中国保监会的现行设计，即中国保监会 2013 年 5 月 14 日发布的《中国第二代偿付能力监管制度体系整体框架》（见附录一），第一支柱用于防范各种可以量化的风险，而第二支柱则用于管控各种难以量化的风险或定性风险。如果将保险公司面临的各种风险区分为两大类，可量化风险（Quantitative/Measurable Risk）和非量化风险（Non-quantitative/Qualitative Risk），哪一类风险是保险公司当前的主要矛盾？这个问题可以从风险的形成机制、文献分析和案例研究三个角度进行探讨，讨论过程具体见附录二，这里不再赘述。

可能许多人对这个问题都有自己的判断，但却缺乏科学和系统的研究和证据来支持。而且，上述问题的成立是建立在一个前提条件之下的，这个前提就是我们已经知道什么是"可量化风险"和"非量化风险"，也就是有明确的关于"风险度量"的含义，但这个前提并不成立或者说并不牢靠。

因此，我国"第二代偿付能力监管制度体系"建设工作还需要理论研究支持，包括明确"风险度量"的含义，进而对风险进行科学合理的分类。

第二，假定第一个问题已经解决，可以将保险公司面临的各种风险清晰地分成两大类以及更为具体的若干子类。那么，如何对保险公司所面临的各种非量化风险进行识别、评估和处置呢？

按照《中国第二代偿付能力监管制度体系整体框架》的现有设计，同时也是按照国际主流的原理和方法，是采用设置监管资本要求（即资本充足率）的方法来对可量化风险进行管控。而对非量化风险，则缺乏一套明确的评估方法。欧盟从 2001 年启动、至今仍未完成的 Solvency Ⅱ 项目中，一直在努力设计出一套称之为"保险公司风险与偿付能力自评系统（Own Risk and Solvency Assessment，ORSA）"的监测和评估指标（附录三），但至今仍未完成。而我国保险业"偿二代"建设工作中，也提出几乎平行的建设项目，只不过项目刚刚开始，急需笔者提出的这类研究支持。

所以，笔者想在解决第一个问题的前提下，尝试寻求第二个问题的答案，即研究保险公司面临的非量化风险中，哪些科目特别显著？这些风险的形成和演变规律是什么，有何特殊之处？能否通过识别这些显著风险的内因和外因，从而设计出用于评估这些风险的体系呢？

（二）实践价值考量——内部管理视角

换个视角，从保险公司内部管理的立场出发，上述两个问题同样存在，而且完全平行。列举两个例子来说明，笔者所选择研究的问题并非多余。

例1 我国保险业从 2007 年起在全行业推行并实施全面风险管理制度，其标志就是各保险公司从当年 7 月 1 日起实施《保险公司风险管理指引（试行）》（以下简称《指引》）。保险公司要全面地管理自己在经营过程中面临的各种各样的风险，当然应该知道究竟哪些风险是主要的风险，即抓主要矛盾。那么，主要的风险有哪些呢？

很有意思的是，《指引》第 15 条给出了这个问题的答案，即保险公司"在经营过程中面临的各类主要风险包括：保险风险、市场风险、信用风险和操作风险等"。

初步研究表明，这份《指引》第15条中给出的答案，是直接引用了美国保险监督官协会（NAIC）的RBC模型中用于计算偿付能力资本充足率，从而对保险公司可量化风险的识别和分类，换句话说，《指引》第15条中所说的"主要风险"其实是指"主要的可量化风险"。因此，这个答案不符合《指引》的初衷，反而误导了保险公司识别和评估自己的主要风险。

这就说明，我国保险业有些重要的监管制度和措施，还缺乏相应的理论研究支持，尤其缺乏关于风险及其规律的研究支持。

例2　国内某著名财产保险公司，为了落实中国保监会关于实施全面风险管理的要求，于2011年聘请某知名国际咨询公司为其设计一套"全面风险管理体系"，从设计"操作流程"和"监控指标体系"到协助公司起草"全面风险管理暂行办法"等，为此投入较大的财力和人力。这样一项咨询项目，遇到的首要问题仍然是要解决该公司面临的主要风险究竟是什么？

这家国际咨询公司与客户公司经过大量研究和较长时间的交流后，给出的答案是，客户公司当前面临八大风险，包括：（1）偿付能力风险；（2）保险风险；（3）市场风险；（4）流动性风险；（5）信用风险；（6）操作风险；（7）战略风险；（8）声誉风险。

笔者有幸读到这份咨询报告，并对上述答案中的几个概念提出了自己的质疑：

（1）关于排在第一位的"偿付能力风险"概念，是由两个概念——"偿付能力（Solvency）"和"风险（Risk）"组合而成，但它与后面7项组合的风险概念有所不同，保险公司发生偿付能力危机，可能是后面其他各类风险所导致的结果，是综合性的结果，因此，第1项风险与后面7项可能不是平行的关系，不能这样简单罗列。但是，这就需要研究一个问题，"偿付能力"与"风险"之间到底是什么关系呢？据笔者的了解，这两个概念本身都缺乏明确和公认的定义，将这两个概念合成"偿付能力风险"后，这个问题同样未得到解决。还需要更深入的研究。

（2）关于第（5）、（6）项风险，即"信用风险"和"操作风险"，这两个概念其实都来自银行业，尤其是银行监管领域。同时，笔者也注意到，保险业可能在很大程度上受到了银行业的影响，包括银行业的一些理论研究成果，保险业很可能在一定程度上照搬了银行业对这两项风险的一些认识和相关结论。例如，采用相同的名称和定义，并认为这两项风险都是可以量化的。但笔者质疑这些认识和结论，认为保险业中的一些风险特征，与银行业是不一样的。以信用风险（Credit Risk）为例，它在商业银行和保险公司中的含义是很不一样的，在商业银行中，它主要指贷款人违约的风险，是商业银行的主要业务的风险，由于量大历史长，应该而且也必须是可以度量的。但对于财产保险公司来说，保险风险才是主要风险，因此，不能完全将银行的概念和结论简单地搬到保险来用。操作风险的情况也类似。总之，对这些具体的风险科目，如果缺乏充足的理论研究支持，保险公司的风险管理实践，恐怕也走不了多远。

（三）宏观视角

传统的保险监管和保险公司全面风险管理，都是以保险公司面临的各种风险为对象的。但自 2008 年金融危机以来，世界各国及国际组织越来越重视"系统性风险（Systemic Risk）"，这是一类处于宏观和行业层面的风险。我国保险业也一样，对区域性、行业性风险越来越重视，将其作为"底线"。如在上述《中国第二代偿付能力监管制度体系整体框架》中，就给予了很多具体考虑。

问题在于，系统性风险与通常的个别风险（Individual Risk）之间，究竟是什么关系呢？从自身的形成和演变规律来说，两者之间有何共性，差异又在哪里？从两者之间的关系来说，究竟谁更可能影响谁、影响的路径又会是什么？

虽然这个问题复杂，要回答清楚这个问题必须先研究清楚保险公司的各种风险，以此为借鉴和依托，研究更宏观层面的风险。事实上，笔者关于系统性风险已经做出了一些基础性研究，初步研究结果见附录四。

总之，本书研究的选题，无论从传统的理论意义出发，还是从实践价值进行考量，都很有必要。而且，通过上面的简要分析也可以看出，理论基础研究与实践应用，根本无法分离。相反，风险管理和监管制度体系建设的实践问题，迫切需要相应的理论研究支持，本书中的任何研究进展或突破，都可以直接为实践服务。因此，这是一项值得付出的努力、值得为之付出终身努力的研究！

第二节 研究问题之间的逻辑关系及其解决思路

如上所述，本书研究的选题是问题导向的，是从解决我国保险监管制度体系建设中的实践问题出发的。最直接的，就是以我国保险公司为具体对象，"偿二代"三大监管支柱中的"第二支柱"应该如何构建？即我国保险公司所面临的各种非量化风险，尤其是比较显著的非量化风险，应该采用什么指标来进行评估和监控？

但是，要解决这个重要实践问题，必须先解决两个基础问题：

（1）如何界定什么是"非量化风险"？

（2）保险公司都有哪些非量化风险，如何对其进行分类更合理？

而要解决上述两个问题，尤其是第一个问题，相当于要先明确"风险度量"的含义，或者通俗地说，什么叫做一种风险被度量了？

而这又建立在重新明确"风险"概念含义的基础之上，因此，本书研究只能从这个最基本的概念入手，通过重新思考和界定这一基础概念，从而明确"风险度量"的含义，进而清晰地界定保险公司的"非量化风险"。

因此，需要研究的第一个大问题是一个基础概念问题，即重新界定"风险"和"风险度量"的含义，这是解决实际问题的基础。同时，这也是一个古老的研究问题，上节中提到的一系列经济学大师尤其是经济学芝加哥学派中的 Frank Knight 和 Henry Markowitz 及其导师 L. J. Savage 等，都研究过这一问题并都做出了显著贡献。要想在其基础上再继续做出哪怕是稍许的进步都是难以令人想象的。

好在，笔者在几位业内知名学者的鼓励、帮助与合作下，提出了一种新的思路，突破点就在于将"风险（Risk）"和"不确定性（Uncertainty）"严格地区分为两个不同的概念，部分采用了 L. J. Savage 的决策理论（Savage，1954）框架中关于"不确定性（Uncertainty）"的定义，然后按照辩证法的基本原理，将"不确定性"作为风险的外部导因，从而将风险定义为一个动态的因果过程，这是与传统的理论全然不同的。即使在形式上，风险概念也被定义为了一个三元数，即（外因，内因，综合效应），而传统的风险定义都是"一元"的。

理论的力量是巨大的，正是因为本书研究在这一基本概念上有了标新立异的突破，才能在后续研究问题上可以有所作为。

首先是按照重新给出的风险定义，通过风险定义中的第三个构成元素——综合效应（Combined Effect）的度量来界定"风险度量（Risk Measurement）"的含义，进而为界定本研究的主题和对象——非量化风险，建立必要的理论基础。

这部分基础研究采用理论分析和逻辑分析方法，本书用第二章部分内容和第三章解决这一基础理论问题。第二章是文献综述，其中很关键的一部分就是分析和综述若干经济学家关于风险与不确定性概念的研究，然后在其基础上提出自己的理论。

第二个大问题是对保险公司面临的非量化风险进行识别和分类，这是风险管理和保险监管的重要基础。

由于本书研究提出采用区分内部和外部导因的方法来定义风险，这一方法可以进一步用来对风险进行分类，即在其他各种分类的基础之上，增加一个参照坐标，将风险进一步识别为"外因主导的风险"和"内因主导的风险"。

根据本书研究建立的新的风险理论，风险管理应该主要针对风险形成的原因而非风险的后果，进而提出一种风险分类的新方法——主要导因法，将风险按照其主要导因（内因主导、外因主导）进行分类。研究发现，传统上的"操作风险"、"信用风险"等风险的概念对风险管理的目的无益，应该根据具体的导因进一步细分并重新界定。

本书用第四章的内容来论述该问题的解决过程。

第三个大问题也就是本书研究的出发点和直接动机，即尝试建立一套保险公司评估风险，尤其是非量化风险的思想、方法和体系。

解决这个问题的基本思路，是基于本书研究对风险的系统分类以及对保险公司风险构成的重新审视，尤其是基于笔者提出的识别风险内、外导因的原理。当然，这也需要借鉴国内外关于评估和预警定性风险的研究经验和成果，如欧盟Solvency Ⅱ中关于ORSA体系的研究进展，同时还要借鉴典型保险公司内部使用的全面风险管理（ERM）、内部控制（Internal Control）以及"关键业绩指标（KPI）"体系中的一些设计经验。

这部分内容安排在第五、六、七章。其中，第五章论述评估体系的设计过程，第六章和第七章是案例分析，用以证实第五章评估体系的操作性和实用性。

作为小结，表1－1给出了本书研究的主要研究问题及其相互间的逻辑关系。

表1－1　　　　　　　　　　　**本书研究架构**

问题	问题属性	研究内容和目标	研究方法
1	理论研究	界定"风险"与"风险度量"概念	理论分析
2	理论运用	非量化风险的识别和分类	比较分析
3	应用研究	设计非量化风险的评估方法和指标	逻辑分析 专家调查 案例分析

表1－1所示的研究架构，是研究的内容安排顺序。本书研究的初衷和出发点是问题3，从我国保险业发展实际中的这一紧迫的实践问题出发，不得不进行更为基础的理论研究（问题1）和理论应用（问题2）研究，而且，未来也需要围绕实践问题3，不断拓宽视野，在更高的行业宏观层面上研究风险。

相信本书的研究可以成为该主题及其研究领域中的一项有意义的成果！

第二章

文 献 综 述

古语云：以史为镜，可知兴替；以人为镜，可明得失。选择研究风险，研究导论中三个具体问题的答案，必须先对前人的相关研究成果进行系统的了解和分析，在其基础上传承和发展。

第一节 关于第一个问题的文献综述

本书研究选题的第一个大问题，是要重新界定"风险"和"风险度量"这两个概念的含义，这是解决后面三个实际问题的基础和理论前提。这里的关键是要解决"风险"与"不确定性"之间的关系问题。

一、关于风险概念的基础研究

关于风险概念的研究，文献浩瀚，仅仅对其进行综述，都可以写成著作。较为系统、较为近期的综述包括 Roogi 和 Ottonelli（2013），已经在第一章提到过，这篇重要文献的主要结论之一是："风险"定义仍未真正建立（the definition still remains unsettled）。

笔者认为没有必要去重复 Roogi 和 Ottonelli（2013）的文献综述，而应该反过来思考，先问：在各种各样的关于风险概念的定义中，谁的定义是比较权威的？然后从可能的答案中分析和验证上述结论，尤其是分析并找出定义风险概念的关键困难究竟在什么地方。

关于谁的定义最权威，可以分为国际和国内两种情形。国际方面，笔者认为，国际标准化组织（the International Organization for Standardization, ISO）是对风险概念的定义比较权威的机构之一，因为这个组织的宗旨就是致力于各种重要概念和事物的标准化，包括风险和风险管理的概念。国内方面，考虑到本书研究的目的，笔者认为，由保险行业的主管部门和监管机构——中国保监会在其正式文件中给出的定义是最为权威的。

（一）国际标准化组织（ISO）的定义

国际标准化组织（ISO）在 2002 年和 2009 年分别给出了"风险"的定义。两次定义分别如下：

2002 年——《风险管理：术语》（ISO/IEC Guide 73：Risk Management - Vocabulary，2002）中，将风险定义为：

"风险是某事件发生的概率与事件所产生后果的合成效应。"①

2009 年——《风险管理：原则与指南》（ISO/FDIS 31000：Risk management - Principle and guidelines）中，将风险定义为：

"不确定性对目标的影响。"②

国际标准化组织（ISO）的影响巨大，其通过其他区域组织和机构进一步影响世界各地区对其标准术语的使用，例如，以下由澳大利亚/新西兰风险管理标准（AS/NZS 4360：2004—Risk Management）中给出的风险定义，就在很大程度上借鉴了 ISO 2002 年的定义，并且两者几乎完全一致。

"风险是影响预期目标的可能事件，包括事件导致的可能结果及其可能性大小。"③

比较 ISO 的上述两个定义，可以发现其共同特点在于：

（1）定义中忽略了对"风险"这一概念究竟是一个贬义还是褒义的界定。换句话说，有两个问题在定义中并没有涉及，一是事件发生所导致的后果（Consequences）是"有利"的还是"不利"的？二是事件发生的概率（Probability）是主观估计还是客观得到？是否可以通过统计样本来获得概率？④

（2）没有明确"风险"与"不确定性"的关系。2002 年定义中，是用"机会（Chance）"来描述风险，而 2009 年定义中则用"不确定性"来定义风险。

而上述两次定义的主要差异在于：2009 年版定义中，提到了"目标（Objectives）"这个词，这就隐含着风险概念是相对于一个某一主体而言的，否则，谁

---

①　International Organization for Standardization ISO/IEC Guide 73：Risk Management - Vocabulary，2002.（原文：Risk can be defined as the combination of the probability of an event and its consequences.）

②　International Organization for Standardization（ISO，31000）Guide 73：2009 - Risk Management - Vocabulary.（原文：Effect of uncertainty on objectives）

③　AS/NZS 4360：2004—Risk Management.（原文：The chance of something happening that will have an impact upon objectives. It is measured in terms of consequences and likelihood.）

④　澳大利亚/新西兰风险管理标准中索性不使用"概率"（probability），而是使用"或然性"（likelihood）。

的目标呢？没有主体，没有主体的预期目标，风险事件的后果（Consequences）就难有好坏之分。从这个角度看，2009 年版定义是一个进步。

（二）中国保监会的定义

在我国，《保险公司风险管理指引（试行）》第 3 条中，将风险定义为：

"对实现保险经营目标可能产生负面影响的不确定性因素。"

该定义在一定程度上体现了保险业对风险的认识水平，其中有两点比较明确：（1）风险主体是指保险公司，并以其经营目标作为定义风险的参照基准；（2）只考虑对保险公司的预期经营目标产生"负面影响"的不确定因素。

但该定义中仍具有模糊不清的地方，包括：（1）什么是保险公司的"经营目标"？由于这个问题在理论上并无明确或统一的表述，从而导致对风险的界定模糊。（2）仍然沿袭了 ISO 定义中遗留的问题：将"风险"定义为"不确定性"或"不确定性因素"，但不仅没有定义什么是"不确定性"，更不清楚两者之间究竟是何关系。

除此之外，所有上述定义中，包括笔者所能见到的现有文献中关于风险的定义，风险都是一个静态的概念。而我们从现实社会中所感受到的风险，却是动态的。例如，开车在高速公路上发生交通事故的风险，与公路上出行人数的变化、与天气情况的改变、与自己的身体和精神状况的变化等因素都有直接关系，会随着时间的改变而改变。但这种感觉并没有在现有的风险定义中反映出来。

因此，笔者认同 Roogi 和 Ottonelli（2013）关于风险定义仍未真正建立的结论。不仅如此，笔者还认为导致这一困难问题的根本原因在于没有解决"风险"与"不确定性"的关系问题。

实际上，关于"风险"与"不确定性"的关系问题，最著名的研究是 Knight（1921），是基于 Frank Knight 在美国芝加哥大学经济学系的博士论文基础上出版的著作（《风险，不确定性和利润》，1921）。[①] 凭借这项研究，Knight 教授被公认为经济学芝加哥学派的奠基人。

Knight 提出，风险和不确定是从属关系，前者包含于后者，是后者的一种特殊情况。也即，将"不确定性"区分为两种情况：一种是可以用概率来进行量化的不确定性（Measurable Uncertainty）；另一种是无法用概率来量化的不确定性（Unmeasurable Uncertainty）。前者就称为"风险"，而后者则称为"纯粹的不确定性（True Uncertainty）"。

---

① Frank H. Knight, 1921, Risk, Uncertainty and Profit.

　　Knight（1921）的这一理论不仅对经济学的影响十分巨大，对统计学的影响也非常大。依笔者的理解，其对经济学发展的影响思路主要是促进后人去研究风险与经济利益或经济回报的关系。对统计学发展的影响，则在于促进对如何度量不确定性的方法研究。

　　典型研究成果之一，是芝加哥大学经济系的另一篇博士论文，即 Henry Markowitz 的博士论文研究工作，其 1952 年在《金融杂志》上发表的题为《资产组合选择——投资的有效分散化》的论文，也即用于投资决策的"风险—收益"模型，已经成为众所周知的经典理论。[1]

　　更广泛一些，沿着 Knight（1921）之后的经济或金融决策理论，模型表达也可以区分两类，一类完全采用可以用概率度量的不确定性下的风险决策理论，代表著作是 Von Neumann 和 Morgenstern（1944）的《博弈论与经济行为》，该著作被公认为是现代经济学的奠基性著作，其中所涉及的不确定性，都是可以被"客观度量的风险"。[2]

　　另一类，是以 Henry Markowitz 的博士导师 Leonard. J. Savage 的主观期望效用理论 The Foundations of Statistics（Savage，1954）为代表，其中所涉及的不确定性不必用客观的概率来度量，因此，被称为"主观期望效用理论"。

　　那么，对于 Frank Knight 教授论述的关于风险与不确定性关系的理论，就不可以质疑了吗？

　　当然不是。许多人都并不认可 Knight（1921）关于风险的上述观点，包括著名华人经济学家张五常先生，他曾自称在芝加哥大学求学时受 Knight 的影响很大，但他后来表示不同意 Knight 的上述观点，例如，他在 2009 年 3 月 10 日写的博客文章"风险的回忆"里，有以下表述：

　　我这一辈读有关风险的经济论著，开头通常是奈特的博士论文（Frank Knight，《Risk，Uncertainty，and Profit》）。1962 年初读这重要的作品时，就跟同学们吵起来了。奈特把风险（Risk）与不确定（Uncertainty）分开，说前者是可以事前估计的，所以可买保险，后者无从估计，保险做不成。我不同意，认为两者没有分别，而保险有如赌博生意，只要赔率到位，处理的成本够低，成交就会出现。赌博是不需要量度风险的。这个观点不仅当时的同学同意，多年后巴塞尔及戴维德也同意。

　　当然，就像张五常自己说的，他没有沿着这个方向继续作研究，也没有对此概念提出自己的明确观点。

---

①　Henry Markowitz, 1942, Portfolio Selection, *The Journal of Finance*, Vol. 7, No. 1.（Mar., 1952）
②　Von Neumann & Morgenstern, 1944, Theory of Games and Economic Behavior.

笔者自己也不认可 Knight（1921）的上述观点，但认为这个问题非常复杂，关键是 Knight 没有明确定义"不确定性"，但却使用了"可量化的不确定性"这一概念，相当于不先定义风险而直接讨论对风险的度量。这恰恰是现在关于风险的研究中所普遍存在的问题。

二、关于风险度量概念的研究

关于风险度量的研究综述，也有许多现存的文献，一般都是从 Henry Markowitz 用方差或标准差（σ）度量一个投资组合（Portfolio）的风险大小开始的，然后介绍各种在其基础之上的改进，比如用半方差（Semi-variance）或者用方差与均值的各种组合来度量风险。后来，Artzner 和 Delbaen 等学者将上述各种度量方法抽象化，提出了"一致性风险度量（Coherent Measures of Risk）"的概念，将风险度量 ρ 抽象为一个风险集合 $\{X\}$ 上的实函数，即：

$$\rho: \{X\} \to [0, \infty)$$

而且，ρ 需要满足以下四个条件：平移不变性、次可加性、正齐次性和单调性，具体见 Artzner, Delbaen et al.（1999）。[1]

笔者认为，所有上述关于如何度量风险的研究，都缺乏一个基础，就是没有明确界定所要度量的对象"风险"究竟指什么。

总之，要明确什么是风险度量，必须先明确什么是风险。而要明确什么是风险，必须先明确什么是不确定性。

第二节　关于第二个问题的文献综述

这个问题的范围是限制在保险业之内的，进一步假定主体为保险公司，并假定可以将其面对的各种风险划分为可量化风险和非量化风险两大类，然后再将关注点集中在非量化风险上，尤其是研究它的识别和分类问题。

回答这个问题的基础，是要先对保险公司面临的各种风险进行分类，然后才能评估其影响和显著程度。

关于风险的分类方法，文献之多不亚于风险概念。不仅国际知名的研究报告和学术文章中都有涉及，国内关于风险的分类和识别的文章也很多，大部分涉及

---

[1]　Artzner P. and Delbaen F. et al.（1999），*Coherent measures of risk*, *Mathematical Finance*, Vol. 9, No. 3.

风险管理或监管的文章都会涉及风险分类。

那么，既然关于风险的分类这么多，为什么我们不可以直接使用一种分类方法作为借鉴呢？与研究风险概念时遇到的问题一样，笔者认为，目前国内外关于风险分类的方法虽然很多，但却很难寻找到一种适用于本书研究目的的分类方法，简单的借鉴并不能解决实际的问题。以下举几个例子来说明。

例1　Müller 报告①

1994 年，由德国保险监管机构 Müller 博士负责的工作组，对英国和欧盟自实施法案（Directive 73/239/EEC）进行评估，评估报告于 1997 年发表，称为"Müller 报告"（Müller，1997）。

报告中将风险分为技术风险、投资风险和非技术风险三大类。Müller 报告非常关注投资风险和技术风险，因为 Müller 等人认为保险公司的盈利状况很大程度上取决于保险公司对技术风险的经营水平以及投资水平，当然，非技术风险也会带来一些负面影响。而将风险分为技术风险、投资风险和非技术风险三大类，Müller 报告所考虑的是在评价这三类风险时，采用的方法可能差异很大。Müller 报告中对风险的分类如表 2 - 1 所示，各类风险的定义和预防办法见附录五。

表 2 - 1　　　　　　　　　　风险分类—Müller 报告

技术风险	投资风险	非技术风险
特殊风险 - 增长风险 - 清算风险 - 现有风险 - 定价不足风险 - 评估风险 - 偏离风险 - 再保风险 - 操作费用风险 - 主要损失风险（非寿险） - 集聚或巨灾风险	- 折价风险 - 匹配风险 - 利率风险 - 金融衍生品相关风险 - 流动性风险 - 评估风险 - 参与风险	- 一般性商业风险 - 管理风险 - 第三方保证连接风险 - 保险中介到期应收款损失风险

Müller 报告在欧盟 Solvency 系列的发展进程中有着非常重要的作用，可以认为是国际上一种较为权威的风险分类方法。但是，针对本研究，Müller 报告中关于风险分类的方法最致命的缺陷就是没有按照风险能否量化进行区分，虽然

---

① Müller Report, 1997, Solvency of Insurance Undertakings.

Müller 报告将风险分为技术风险、投资风险和非技术风险三大类是出于评估方法的不同，但却忽视了非量化风险和可量化风险在评估方法中的重要区别。

例 2   KPMG 报告[①]

2001 年，欧盟委员会委托毕马威咨询公司再次对英国和欧盟自实施法案（Directive 73/239/EEC）进行评估，作为启动 Solvency Ⅱ 项目的前期准备，评估报告于次年发布，现称为"KPMG 报告"（KPMG，2002）。

KPMG（2002）将风险暴露分为三个不同层面，分别是机构层面的风险、保险业面临的风险（系统风险，Systematic Risks）、经济面临的风险（系统性风险，Systemic Risks）。机构层面的风险很大程度上处于保险公司的控制之中，而其余两类风险是由外部因素引发的风险。

机构层面的风险可以分为纯粹承保风险、承保管理风险、信用风险、再保险风险、操作风险、投资风险、流动性风险、不匹配风险、费用超额风险、失效风险、保单条款不充分风险。

行业层面的风险受到外部因素驱动并影响整个保险业。大多数情况下，保险公司不能影响事件，但能够在某个立场来控制风险。KPMG 将该系统性风险分为两类，即审判及法律风险和市场变化风险，并分别针对寿险公司、非寿险公司给出各个风险的定义。

宏观经济层面面临的风险是指与局部或全球经济或社会因素相关的，对保险业产生间接影响的风险。在大多数情况下，保险业不能影响事件但能够以某个立场来控制风险。经济面临的风险分为投资的市场价值波动风险、环境变化风险、社会及政治变化风险、经济循环风险、通货膨胀风险、利率风险、汇率风险和科技进步风险。KPMG 报告认为，宏观经济层面的风险也就是系统性风险。

KPMG 报告中对风险的分类如表 2-2 所示，各类风险的定义办法见附录六。

在这种分类方法中，笔者赞同将风险按照所处的不同层面进行分类，这样有利于梳理保险公司所面临的风险，也有利于理解风险的形成和传导机制。但是，在 KPMG 报告中，对风险所处的层面只涉及机构层面就停止了，事实上，保险公司中的某一业务线也可以作为一个风险所处的层面，而且是一个很重要的层面，例如，操作风险往往都是集中在某一业务中的，是一类处于业务层面的风险。

---

① KPMG, 2002, Study into the Methodologies to Assess the Overall Financial Position of an Insurance Undertaking from the Perspective of Prudential Supervision.

表 2 - 2　　　　　　　　　　　　　　风险分类—KPMG

机构层面的风险	行业层面的风险	宏观经济层面的风险（系统性风险）
纯粹承保风险 投资风险 流动性风险 不匹配风险 费用超额风险 承保管理风险 信用风险 再保险风险 操作风险 失效风险 保单条款不充分风险	审判及法律风险 市场变化风险	投资的市场价值波动风险 通货膨胀风险 利率风险 汇率风险 环境变化风险 社会及政治变化风险 经济循环风险 科技进步风险

例 3　Keliber 等（2013）[①]

2013 年 3 月，英国精算杂志（British Actuarial Journal）发表了一篇题为"精算业一般风险分类系统"（A common risk classification system for the actuarial profession）的文章，文章中对每一类可以再细分的风险都进行了详细的细分。

文章中将保险公司所面临的风险分为八大类：市场风险、信用风险、保险与人口风险、操作风险、流动性风险、战略风险、摩擦风险、聚合和分散风险。对每一类风险的细分如表 2 - 3 所示，本书关注的个别风险分类更加详细的解释见附录七。

表 2 - 3　　　　　　　　　风险分类及细化—Keliber 等（2013）

市场风险	具体风险；部门影响；一般市场影响；收入风险；期权波动；模型风险；风险对冲和对冲资产之间不同的基础风险。
信用风险	模型风险；随机波动的过程风险；参数估计风险；区域和次组合影响；国内波动；海外波动。
保险与人口风险	模型风险；随机波动的过程风险；参数风险；异质性风险；趋势风险（利率变化与预期不同）；外部波动；内部波动；巨灾。
操作风险	内部欺诈；外部欺诈；系统安全；雇用和工作安全；顾客、产品和业务实践；物质资产损失；业务故障和系统失灵；实施、销售和过程管理；法律法规风险；操作风险资本；聚合和分散。

---

① Kelliber, P. O. J., D. Willmot et al., 2013, A Common Risk Classification System for the Actuarial Profession, *British Actuarial Journal*, Volume 18, Part 1.

续表

流动性风险	非全权责任流出；全权责任流出；资产流出；企业流出；流动资源受损；摩擦系列；折旧累计。
战略风险	产品；服务；声誉；公司方案、计划和假设；成本；资本；市场风险影响；宏观经济影响；信用风险影响；保险风险影响；税收影响；政策风险影响；产品市场影响；竞争者及合作者影响。
摩擦风险	监管资本法规变化；会计准则变化；评级机构要求变化；经营结构问题；税收变化；经济资本要求增长。
聚合和分散风险	信贷周期；现金流；债券违约；抵押品风险；偿付能力；对冲基金；交易对手违约；短期融资市场；支付系统等金融基础设施；流感；巨灾；政治冲击。

在这份文献中，对风险的细化与本书研究风险的思路很贴近，但如果按照 Keliber 等的思路来管理风险显然还是不够有条理，如果能够将 KPMG 报告与该文献中的分类方法结合起来，那么应该会有更好的突破。

例 4　中国的情况

以中国保监会《保险公司风险管理指引（试行）》中对保险公司的风险分类为例，该《指引》第 15 条指出：保险公司应当识别和评估经营过程中面临的各类主要风险，包括保险风险、市场风险、信用风险和操作风险等。

前文中已经提到，这种分类是借鉴了国外监管机构以计算偿付能力资本为目的的风险分类方法，是针对保险公司的可量化风险的分类，而不是针对其经营过程中主要风险的分类。如果按照这样的分类思路进行风险管理，上述《指引》就不是用于"全面"风险管理，而仅仅是用于对可量化风险进行管理，从而可能误导保险公司进行真正的全面风险管理。此外，如果不仔细推敲这条指引的含义，很可能会认为我国保险公司的"主要风险"是：（1）保险风险；（2）市场风险；（3）信用风险；（4）操作风险等，从而仅围绕这几项风险编制《年度风险报告》。但是，如果这几项风险并不是我国保险公司的"主要风险"，那就犯了方向性的错误。

再以中国的"偿二代"体系建设为例，2013 年 5 月 14 日发布的《中国第二代偿付能力监管制度体系整体框架》中，根据"偿二代"三支柱框架的规划，实际上已经将风险分为了可量化和非量化两大部分，并且在第一支柱下对可量化风险定量计算其资本要求，而在第二支柱下对非量化风险进行监管。其中，第一支柱可量化风险包括市场风险、信用风险和保险风险，第二支柱非量化风险包括操作风险、战略风险、声誉风险和流动性风险。

在"偿二代"关于风险的分类中，可能也存在一些问题，例如信用风险，虽然在以往的经验中都将信用风险作为一种可量化风险来对待，但是，按照以上 Keliber 等（2013）的分析，信用风险中还包括类似于"国内波动"和"国外波动"这样的风险因素，这是很难使用公式或模型进行量化的，如果不能完全量化信用风险中的每一个风险因素，那么这种风险是否还能被称为可量化风险，就需要再商榷了。

而除了以上这些分类方法之外，关于风险的分类方法还有很多：

（1）按导致风险的原因进行分类。这就好比在"风险"这个概念前面加一个修饰定语，即"什么"风险，是按导致风险的"原因"来分类。比如"保险风险"是指由承保活动所导致的风险，"投资风险"则指由保险公司的投资活动所导致的风险。

（2）按是否与保险产品直接关联进行分类。如果仅仅考虑公司层面的风险，可以将风险按照是否与保险产品直接关联进行分类。与产品没有直接关联的风险主要是资金运用风险或资产风险，以及公司管理过程中的操作风险和由外部环境引起特殊事件风险，寿险公司和财险公司在这方面没有结构上的差别。在与产品直接相关的风险中，财险公司的风险主要是负债风险，即保险风险，而寿险公司产品的长期性特点决定了不仅要考虑负债风险，还要考虑保费资金的资产风险及其与负债的配比风险。这种分类方法的逻辑如图 2 - 1 所示。

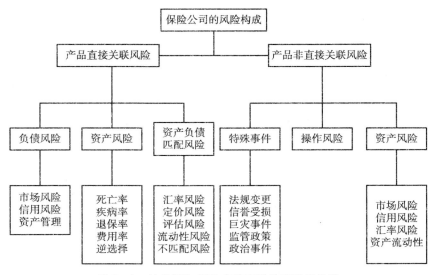

图 2 - 1 按是否与保险产品直接关联进行分类

（3）按风险的内在属性进行分类，例如以下三种方式按"风险"是否可以被"量化",分为"可量化风险"与"不可量化风险";按"风险"是否包含"有利偏差",分为"纯风险"和"投机风险"两类;按照"风险"是否与保险公司资产负债表中的科目有关,分为"表内风险"与"表外风险",进而将表内风险分为资产风险和负债风险;等等。

关于风险分类的文献非常多,几乎每一本关于保险的书籍和论文都会涉及风险分类,本书不再一一罗列。出于不同的研究目的,不同的机构或个人对风险的分类都不尽相同,这就导致监管风险或内部风险管理时产生偏差。本书中尝试对风险进行更加基础和细致的分类,这不仅有助于更加清楚地认识风险,更加有助于风险的监管和内部管理,同时也是建立中国非量化风险监管制度体系的基础工作之一。

通过风险的分类,就会发现,在保险公司内部非量化风险实际上是比可量化风险分布范围更普遍、影响效果更严重的一类风险。

2002 年欧盟保险监管服务会议 (Conference of the Insurance Supervisory Services of the Member States of the European Union) 主席 Paul Sharma 先生发布会议报告,其研究小组对 1996 ~ 2001 年六年间 21 家破产或濒临破产的保险公司进行调查讨论,通过案例分析总结得到 12 条会导致公司破产的重要风险,包括:为追求集团利益总公司设定不当策略(战略性投资),由于对保险专业知识的缺乏总公司设定不当策略,相互保险公司目标不一致,商业风险(大型保险公司面临并购问题),保险公司的跨国管理,寿险公司的高收益率保证,停滞的公司追求多样化发展,承保风险(变化市场中的细分部分),保险公司以相关性高的投资匹配负债,公司设定不当的分配战略,巨灾及不当的再保险计划,关键业务的外包。

除了 Sharma 报告外,Massey 报告也对造成保险公司破产的风险因素进行了深入分析。研究组调查了 1969 ~ 1998 年 640 家破产保险公司,除了 214 家公司的破产原因难以识别外,其他 426 家保险公司的破产原因主要集中在八类风险中,这八类风险如表 2 - 4 所示。

表 2 - 4 　　　　　　　　　　Massey 报告中的风险类别

序号	风险类别	公司数量(家)	所占比例(%)
1	准备金不足 (Insufficient reserves)	145	34
2	迅速扩张或定价不足 (Rapid Growth/Underpricing)	86	20
3	欺诈 (Alleged Fraud)	44	10
4	虚报资产价值 (Overstated assets)	39	9

续表

序号	风险类别	公司数量（家）	所占比例（%）
5	巨灾损失（Catastrophe losses）	36	8
6	业务重大变化（Significant change in business）	28	7
7	关联机构牵连（Impaired affiliate）	26	6
8	再保险失败（Reinsurance failure）	22	5

Sharma 报告和 Massey 报告通过案例调查有力地证实了哪些风险更为显著，而其中绝大多数正是难以用公式和模型来度量的风险，即非量化风险，相对更为显著的风险正是保险公司和监管部门需要分配更多资源来进行管控的风险，正所谓有的放矢，就是这个意思。

风险的管理和监管是一个复杂的问题，要想把这个问题搞清楚，从风险的定义开始，每一个环节都很重要。而作为使保险公司能够有的放矢管理风险的重要依据，对风险的分类无疑起着承上启下的重要作用。但是，正如前文分析的那样，简单的借鉴也许并不能解决实际问题，反而会使问题变得越来越复杂。因此，在借鉴的基础上进行研究，才是更好的方法。

第三节　关于第三个问题的文献综述

本书研究的第三个大问题，是要为保险公司面临的非量化风险设计一套评估体系和方法。如果说问题一是理论基础研究，问题二是理论应用研究，那么第三个问题就是将理论研究落实到实践。关于这个大问题，欧盟 Solvency Ⅱ 中关于 ORSA 体系等的研究进展都很有借鉴意义，除此之外，还要借鉴典型保险公司内部使用的全面风险管理（ERM）、内部控制（Internal Control）以及"关键业绩指标（KPI）"体系中的一些设计经验。

一、关于风险监管的研究

（一）欧盟非量化风险监管经验

欧盟 Solvency Ⅱ 对非量化风险的监管主要体现在一份称作"风险自评与偿付能力（ORSA）"的报告中。[①] 所谓风险自评与偿付能力，是一个完整的体系，这

---

① CEIOP, 2008, Own Risk and Solvency Assessment（ORSA）.

个体系中包括识别（Identify）、评估（Assess）、监测（Monitor）、管理（Manage）和报告（Report）保险公司在承保过程中面临的或可能面临的短期和长期风险，并确定能够满足短期和长期所有偿付能力的资本需求。ORSA 的构想是2008 年 5 月 27 日，欧洲保险与企业年金监管委员会（Committee of European Insurance and Occupational Pensions Supervisors，CEIOPS）发布的，这是对非量化风险监管的一个重要的指引。

ORSA 究竟对 Solvency II 有什么意义？或者说为什么在 Solvency II 中需要建立 ORSA？这个问题平行于本书在中国"偿二代"中的重要作用，所以，回答了ORSA 对 Solvency II 的重要性，也就明白了本书第三大研究问题的重要性。

从整体上来看，ORSA 是 Solvency II 的核心。2013 年，KPMG 发布了一份评价欧盟 ORSA 的报告，其题目就是"Solvency II 的核心是 ORSA"（At the heart of Solvency II is the ORSA）。在这份报告中，ORSA 与保险公司的精算结果、内部审计、风险管理、承保、投资等方方面面的工作都有着密切的关系，这种关系体现在图 2 - 2 中。

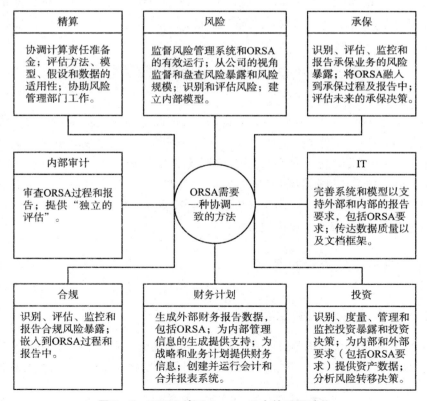

图 2 - 2   ORSA 在 Solvency II 中的重要地位

除了以上宏观评价外，ORSA 还弥补了一些定量方法评价风险时存在的不足。

第一，通常情况下保险公司会采用标准公式计算 SCR，由标准公式计算出来的资本要求实际上是在平均意义上考虑保险公司的所有可量化风险，但事实上，这不可能覆盖保险公司实际面临的全部风险。标准公式是一种标准化的计算方法，它不可能适用于每一家保险公司，因为每一家保险公司的风险状况都是不同的。因此，在某些情况下，标准公式只能反映一部分保险公司的风险状况以及它们的偿付能力需求。所以使用标准公式的同时，保险公司还需要计算能够应对公司所有风险的资本需求。除了拥有足够的可用资金来满足法定资本需求外，保险公司还必须确定能够反映自身风险状况的监管资本需求。

第二，保险公司风险状况的变化会导致偿付能力需求的变化，所以保险公司需要根据外部环境的变化以及未来的长期业务计划分析公司的风险状况将如何改变，以保证追加的偿付能力需求可以满足风险状况的变化。为此，保险公司需要考虑的问题是：如何合理地监测和度量预期的风险状况变化？外部环境的变化对公司资本状况有什么影响？公司应该如何获得额外的资本？等等。而这些问题都是应该体现在 ORSA 报告中的，ORSA 可以确保保险公司能够持续地满足监管资本需求，同时满足公司自己设定的内部资本目标。

从 2008 年开始尝试 ORSA 至今，业内对 ORSA 都表现出了很浓厚的兴趣，例如，一份针对 2011 年第二季度英国 13 家保险公司的调查显示，有 85% 的保险公司计划每年做 ORSA，甚至还有将近 10% 的保险公司计划每个月做 ORSA 报告。具体报告频率如图 2 - 3 所示。

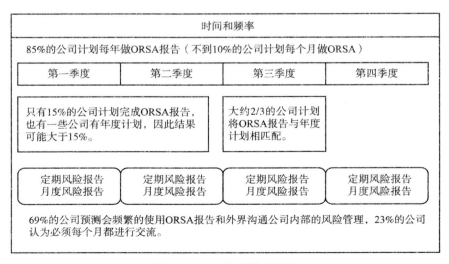

图 2 - 3　ORSA 报告的频率

虽然业内人士都在积极倡导 ORSA 方案的实施，但目前为止，全世界还没有一家保险公司建立起真正的 ORSA 报告和流程。本书研究中国非量化风险的管控问题，正是在中国保险市场上对 ORSA 的实践，尝试率先建立一套中国保险业的 ORSA。

除了 ORSA 之外，国际上还有一些关于非量化风险监管的经验值得借鉴，澳大利亚 APRA 设计的定性监管体系就是其中之一。

（二）澳大利亚非量化风险监管经验

2002 年 10 月，澳大利亚审慎监管局（the Australian Prudential Regulation Authority，APRA）提出了一个新的风险评价和监管工具，即概率和影响评级系统（Probability and Impact Rating System，PAIRS）[1] 以及监管监督和回复系统（Supervisory Oversight and Response System，SOARS）[2]。

PAIRS 是 APRA 的风险评价模型，这个评价模型最核心的内容是对被监管公司进行打分。完成 PAIRS 的打分后，便可以进入 SOARS 过程，根据 PAIRS 的打分整理结果而得到一个概率评级和影响评级，对于不同的评级结果 SOARS 给予不同程度的监管，具体监管安排如表 2 - 5 所示。

表 2 - 5　　　　　　　　　　SOARS 的风险监管设计

影响评级		概率评级				
		低	较低	较高	高	极高
	极高		*	**	***	***
	高		*	*	**	***
	中			*	**	***
	低			*	**	***
		正常监管				
*		重点监管				
**		强制改善				
***		重组				

SOARS 的监管分为四个层级：正常监管、重点监管、强制改善和重组。对于不同层级的被监管公司，SOARS 将设计不同的监管办法，在此不再赘述。

---

① APRA, 2012, Probability and Impact Rating System, www. apra. gov. au.
② APRA, 2008, Supervisory Oversight and Response System, www. apra. gov. au.

澳大利亚的定性监管体系是针对整个金融行业的,如果专门针对保险业,可能还需要做一定的修正。况且,澳大利亚保险市场的成熟程度是我们不可相比的,直接照搬照抄过来必然不适合中国保险市场,也无法真正起到监管的作用。本研究通过借鉴澳大利亚 APRA 的定性监管办法,结合中国保险市场的具体情况,建立适用于我国保险业的非量化风险的评估、监管体系。

（三）中国研究进展

2012 年 3 月 29 日,中国保监会发布《中国第二代偿付能力监管制度体系规划》（以下简称《规划》）。时隔一年,2013 年 5 月 14 日,中国保监会正式发布《中国第二代偿付能力监管制度体系整体框架》,并提出了我国"偿二代"监管的"三支柱框架",根据保监会规划,偿二代的整体框架由制度特征、监管要素和监管基础三大部分构成,如图 2 - 4 所示。

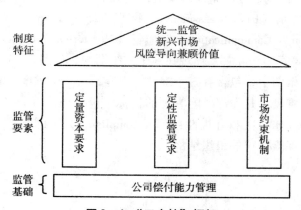

图 2 - 4 "三支柱"框架

在这三个支柱中,第一支柱依靠定量监管手段,防范与偿付能力相关的可量化风险;第二支柱是通过定性监管手段,防范难以量化的偿付能力风险;第三支柱是通过信息披露等手段,发挥市场约束力量,可以强化第一支柱和第二支柱的效果,并且更加全面地防范保险公司的各类偿付能力风险。三个支柱相互配合、相互补充,成为完整的风险识别、分类和防范的体系。

"偿二代"的推出正式将中国保险业面临的"非量化风险"提上了议题。但是,从保监会的工作部署和目前公布的工作进展来看,绝大部分的关注点都集中在可量化风险上,对于非量化风险的研究却一直处于滞后状态,这是一个亟待扭转的现实。

二、关于风险管理的研究

（一）COSO：全面风险管理框架[①]

以上欧盟和澳大利亚对非量化风险的监管经验是站在外部监管的角度上，除此之外，保险公司的内部控制和全面风险管理对本书的研究也有积极的指导和借鉴意义。在这方面，美国 COSO 委员会发布的《企业内部控制整体框架》和《全面风险管理整体框架》可以认为是最经典的文献参考，这也已经成为全球性的全面风险管理指引。

COSO 于 1992 年 9 月和 2004 年分别发布了《内部控制——整体框架》和《全面风险管理——整体框架》。2013 年 5 月，COSO 再次更新了《内部控制——整体框架》，并指出内部控制整体框架应包括五个要素：内控环境（Control Environment）、风险评估（Risk Assessment）、控制活动（Control Activities）、信息与沟通（Information & Communication）和监督（Monitoring Activities）。

COSO 五大要素的相互关系体现在一个三维图中，如图 2-5 所示。在这副内部控制的整体框架图中，包含有三个维度的内容，第一个维度，是内部控制的五大要素；第二个维度，是内部风险管理的目标，包括经营目标（Operations）、财务报告目标（Reporting）和合规性目标（Compliance）；在第三个维度上，COSO框架中还体现了保险公司的组织结构。

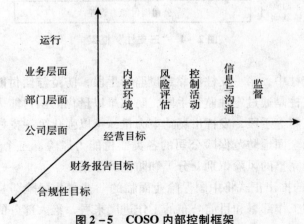

图 2-5　COSO 内部控制框架

① COSO，2013，Internal Control—Integrated Framework.

COSO 发布以来得到了全球范围内的广泛认可，国内外理论界也针对内部控制问题开展了大量的研究，并取得了大量的研究成果。然而，从国内外的研究情况来看，目前研究主要集中在一般企业的内部控制问题上，对金融业特殊的内部控制问题研究非常少。即使在金融业内，内部控制问题研究也主要集中在银行业，巴塞尔委员会曾经发布了《银行业内部控制指引》，在指导银行内部控制建设方面起到了积极作用。相比之下，保险公司内部控制问题的研究目前整体上还处于起步阶段。

COSO 的这一风险管理框架为本书提供了一个重要的设计非量化风险评估体系的思路，这就是非量化风险的评估应该是一个立体型的结构，它包含多个维度方面的内容，而不仅仅是一些指标那样简单。

但是，COSO 整体框架中也存在一些问题，其中之一就是过分重视财务报告（COSO 委员会也已经承认这一缺陷），而没有从公司全局出发关注风险。本书研究正是要弥补这一缺陷，从非量化风险的定义、识别和分类等基础工作出发，尝试建立一套能够揭示风险形成规律及其动态特征的风险评估体系，不仅关注风险的结果，而且更加关注风险的导因。

（二）中国研究进展

国内大多数关于风险管理的研究中，都热衷于借鉴国外或是银行业的经验，却很少有研究尝试停下脚步，从风险自身出发，循序渐进地去研究、去深入。

操作风险就是这样一个典型的例子。

目前，国内保险业关于操作风险的研究很多。例如，赵蕾（2007）[1] 介绍了操作风险的定义、特点、分类和管理现状，提出操作风险拓扑数据模型，并在此基础上建立了评价操作风险的影响图。周宇梅（2010）[2] 运用行为经济学知识，研究人的因素与保险公司操作风险之间的关系，探讨了委托代理关系、企业文化、技术因素等对操作风险的影响，构建了中国保险公司操作风险管理的框架，提出了实施路径以及政策建议和操作主张。王宝祥（2011）[3] 对我国保险业的操作风险进行了详细的分类和说明，分别从定性和定量角度分析了保险操作风险对保险经营的影响，并提出了应对操作风险需要采取的措施。

以上这些研究从不同角度、使用不同方法对操作风险进行了分析，也取得了一些有价值的结论。但是，这些研究普遍存在的一大缺陷就是，对操作风险的定义沿用巴塞尔委员会对银行业操作风险的定义，即将操作风险归纳为由于流程、

---

① 赵蕾，2007：保险企业操作风险度量研究，同济大学。
② 周宇梅，2010：中国保险公司操作风险管理研究，西南财经大学。
③ 王宝祥，2011：操作风险对保险经营的影响，西南财经大学。

人员、系统或外部事件导致的风险。但是，这样的定义是否适用于保险业？这样的定义对保险公司管理操作风险是否具有指导意义？是否由于定义的不恰当而导致风险管理工作中出现纰漏和偏差？不得不承认，这些问题是存在的，本书也将在后面的章节中继续探讨这个问题。

如果说在保险业发展之初我们需要大量借鉴银行业的经验和技术，那么保险业发展至今，我们也应该有了自己的观点和认识，对保险公司或是保险行业的风险也应该有更全面、更深入的理解，而不应再一味地借鉴。

以上回顾过程暴露了非量化风险管理和监管存在的缺陷。尤其是从外部监管的角度来看，除了保监会关于非量化风险的管理和监管研究进展以外，国内还鲜有学者对此进行研究，期刊文献方面还几乎是空白。这一方面说明了中国保险业非量化风险管理和监管的落后，暴露了亟须建立一套非量化风险评估体系的要求；另一方面也为本书研究提供了空间和机会。

第三章

建立一套新的风险理论

正如第一章和第二章中的综述和分析，风险概念在现代经济和金融学中扮演着基础和关键角色，更是整个保险业的经营对象和核心概念。可惜的是，这个基础概念及其理论框架并不完善和牢固，需要对其进行完善或是重新建立，否则，很难在保险监管制度体系建设和全面风险管理的应用中获得突破。

本章尝试建立一套新的风险理论，这套理论由以下各节中论述的构成要素所组成，关键点则在于重新明确"风险"与"不确定性"之间的关系。

第一节 风险的主体及其预期目标

风险，究竟是一个客观概念还是一个主观概念，确实有过争论。更多的文献则是回避这个问题，或者将其作为一种客观存在的事物，然后直接讨论对各种风险的度量或应用。

笔者则首先明确，风险是与某一主体相关联的概念，即同一风险，对某一当事人来说是风险，但对另外一个人来说则不是风险。例如，某幢建筑物是否发生火灾这件事情，对于该建筑物的所有者、住户等利益相关者来说，是一种风险，对于承保了该建筑物火灾或财产损失险的保险公司来说也是风险，但对于笔者来说，因为没有利益关系，所以不是（自己的）风险。

由于本研究的出发点是协助或站在外部监管者的立场或视角，研究应该怎么控制保险公司的非量化风险，这意味着本研究的主要研究对象是保险公司的风险，即风险的主体是保险公司。

但是，正如上文所举的例子中，保险公司经营过程中的风险，主要与承保客户的风险有关，是与客户进行交易转移过来的。而站在客户的立场，除了财产标的本身的损失风险之外，与保险公司的交易活动也有会有风险，最典型的两种风险包括：（1）被保险公司误导后购买了并非自己所需要的保险；（2）标的出险后保险公司却拒绝履行保单赔偿承诺。如果再引入另一个主体，站在保险监管者的立场，其主要监管目标之一是保护消费者的合法权益，也就是要避免或减少客户面临的上述两种风险；同时，监管者还要督促保险公司审慎经营，降低保险公司的风险；此外，监管者通过制定和实施监管措施来达到上述目的时，也可能出错，事与愿违，这就是监管者的风险。这三种风险既相互关联又有所不同。

总之，风险是相对于某一具体的主体而言的。在保险业中的风险，可以分别以保险公司、保险消费者以及保险监管者作为风险主体。而本书的研究立场是，研究保险公司所面临的风险，以及如何评估保险公司的风险。

除了明确风险的主体之外，风险还与主体的预期目标相关联。因为风险是指特定事件的后果对主体的影响效应，正如第二章中介绍国际标准化组织（ISO）2009 年关于风险的定义一样，该定义与之前 2002 年版的定义相比，主要不同之处就在于新定义中加入了"目标"这一关键词，这里的目标当然是指某一主体的目标。

因此，为了研究保险公司的风险及其评估方法，首先需要先回答：保险公司的预期目标究竟是什么？

这个问题并没有现存答案，可能十分复杂。

保险公司虽然是商业实体，需要以获取商业利润为经营目标。但商业保险公司与普通企业又有很大的不同，主要差异是其"负债经营"的特点。换句话说，或者从资本的角度说，保险公司股东所投入的资本在公司资产构成或可运用资金中的占比是很小的，管理者所经营的保险资金主要来自于客户缴纳的保费，是公司的负债。因此，保险公司所创造的财富需要在公司投资人、客户和经营管理者之间进行平衡，不能简单地将保险公司当作普通商业企业，以追求财富或价值最大化作为单一的经营目标，至少需要将"安全经营"考虑进去，"持续地为公司、为公司的各利益方创造最大财富或价值"。

在分析研究了各类文献中对这个问题的各种表述之后，笔者将保险公司的主要预期目标概括为两项：（1）赢利；（2）持续稳健的经营。用更通俗的话表述，就是"做大做强"。

当然，上述两项目标只是总体预期目标，还需要根据保险公司的业务结构进一步分解，具体结构可能十分复杂，其复杂程度与风险的结构是一致的。

例如，澳大利亚精算学会出版的教材（Actuarial Practice of General Insurance, 7th edition 2007）中，将保险公司的经营目标描述为两项：运营目标（Operational Objective）和安全目标（Security Objective），并将这两个核心目标进一步细化，具体如表 3-1 所示。

表 3 - 1　　　　　　　　　　　　保险公司的经营目标

运营目标 Operational Objective	安全目标 Security Objective
盈利（Profit）； 市场份额（Market Share）； 市场地位（Market Position）等	准备金（Reserves）； 再保险（Reinsurance）； 投资（Investment）； 偿付能力（Solvency）等

考虑到风险主体的预期目标对于研究风险的重要参照作用，可以将其形式化，比如将第一层次的两个目标记作 O_1 和 O_2，而将第二层次的目标分别记作 O_{1i} 和 O_{2j}，并逐次分解，具体如表 3 - 2 所示。

表 3 - 2　　　　　　　　　　风险主体的预期目标构成

第 1 层目标	O_1	O_2
第 2 层目标	O_{11}，O_{12}，$\cdots$，O_{1i}	O_{21}，O_{22}，$\cdots$，O_{2j}
……	……	……
第 n 层目标	$O_{12,\cdots,n1}$，$\cdots$，$O_{12,\cdots,nk}$	$O_{22,\cdots,n1}$，$\cdots$，$O_{22,\cdots,ns}$

各类具体预期的论述将在后续各章中讨论具体风险科目时进行。

第二节　风险的外因与内因

凡事皆有因果，风险也不例外，事前为因，事后有果。

笔者发现，现有关于风险概念的各种定义和理论中，都往往只重后果而忽略了前因，这是本末倒置的。回头看看第二章中介绍各种风险定义，包括国际标准化组织（ISO）给出的两个版本的定义，包括中国保监会给出的定义，也包括《辞海》中的定义等，都是这样，都只强调风险是"综合效应（Combined Effect）"、"影响（Impact）"、"后果（Outcome，Consequences）"以及各种"损失（Loss）"等。这里再补充两个典型的风险定义。

例 1　美国财产意外险承保师协会（AICPCU）的教材[1]中，将风险定义为："后果的不确定性，其中，有些可能后果是负面的。"

---

① CPCU 510：Foundations of Risk Management, Insurance, and Professionalism.（原文：uncertainty about outcomes, with the possibility that some of the outcomes can be negative）

例2　我国《辞海》中对风险的定义：

"风险是指人们在生产建设和日常生活中遭遇能导致人身伤亡、财产受损及其他经济损失的自然灾害、意外事故和其他不测事件的可能性。"

我们不禁要问：研究风险的目的是什么？不就是为了管理和控制风险事件的不利影响后果吗，如果不追究原因，能从结果得到结果吗？

因此，笔者提出，需要从风险的导因来出发来研究风险，明确风险的定义以及形成与演变规律，在把握这种规律的前提下，才能实现监督管理风险的目的。

一、风险的外部导因——不确定性

直观上，风险（Risk）与不确定性（Uncertainty）是密切关联的。正是由于这种直观性，人们似乎在自觉地用后者来定义前者，将风险定义为"关于……的不确定性"。这一做法非常普遍，如前文中提到的 ISO（2009）和中国保监会的风险定义等。当然，关于风险与不确定性之间的关系，最有影响的研究仍然是 Knight（1921）的理论，亦即"风险是可以用概率进行量化的不确定性"。

本书研究中则明确提出："不确定性（Uncertainty）"是导致"风险（Risk）"的原因之一，是风险的外部导因。或者说，两者之间的关系是因果关系。

照此思路，要先定义"不确定性（Uncertainty）"才能重新定义风险概念。

首先，"不确定性（Uncertainty）"是相对于某一特定主体而言的，换句话说，"不确定（Uncertain）"是指对某个人而言的不确定。同一件事情，对张三来说可能是不确定的，但对李四来说则是确定无疑的。

然后，以某一特定主体作为参照，"不确定性（Uncertainty）"就是指该主体无法预知或不能控制或施加影响的外部状态，英文可以叫做 Natural States 或者叫 States of World，这是 Markowitz 的博士生导师 L. J. Savage 在其代表著作 "Foundations of Statistics"（Savage，1954）中对"不确定性（Uncertainty）"的定义。

仍借用 Savage（1954）中的记号，参照某一主体，将主体所关心的、但却不知道或者不能控制的各种状态记作 $S = \{s_1, s_2, \cdots, s_k, \cdots\}$，未来，有且仅有一种状况 s_k 会发生或成真。S 类似于概率论中的样本空间，但外延更为广泛，因为样本空间通常被界定为可以重复的随机事件后果。

此外，笔者还提出另一种表述不确定性的方法：相对于某一主体而言，"不确定性（Uncertainty）"就是"不知道（Unknowns）"。

需要说明的是，笔者之所以能提出上述这种新的表述，在一定程度上是受到美国前国防部长拉姆斯菲尔德先生于 2002 年 2 月 12 日在美国国防部一次记者招待会的著名言论的启发。

故事背景是："9·11事件"之后，以美国为首的北约计划攻打伊拉克，理由是为了摧毁伊拉克的大规模杀伤性武器。在2002年2月12日举行的国防部例行记者招待会上，有记者提问质疑：你们怎么知道伊拉克究竟有没有大规模杀伤性武器？对此问题，拉姆斯菲尔德即兴发表了以下著名言论：

There are known knowns. These are things we know that we know. There are known unknowns. That is to say, there are things that we now know we don't know. But there are also unknown unknowns. These are things we do not know we don't know.

翻译：就像我们都知道的那样，有一些众所周知的事情；我们知道一些我们知道的事情（Known knowns）；我们还知道一些明显的未知事情，即我们知道有些事情我们不知道（Known unknowns）；但也有我们不知道的未知事情（Unknown unknowns）。

这里我们不讨论伊拉克战争的性质，只是感兴趣于将"未知（Unknowns）"区分为"知道的未知（Known unknowns）"和"不知道的未知（Unknown unknowns）"。其中，特别值得关注的是，"知道"和"不知道"作为动词，是相对于某一主体而言的。

综上所述，本书提出将"不确定性（Uncertainty）"定义为：

相对于某一主体（决策者或当事人）而言，是其不能预知或无法控制的自然状态（Natural States 或 States of World）。换句话说，对于某一当事人来说，不确定性（Uncertainty）等同于主体"未知的事情（Unknowns）"，包括"知道的未知（Known unknowns）"和"不知道的未知（Unknown unknowns）"。

"不确定性（Uncertainty）"是"风险（Risk）"的外部导因。

二、风险的内部导因——主体的判断和抉择

导致风险事件的原因，既有外因也有内因。外因在"天"，内因在"人"。这里的"人"，就是风险的行为主体，在于主体的判断和行为。唯物辩证法告诉我们："外因通过内因起作用"。那么，风险的外部导因如何通过内部导因起作用呢？

这里，以保险公司作为风险主体，其可以控制的行为包括：

（1）判断环境因素。保险公司必须对可能影响其业务经营的外部环境因素作出判断，既有定性的判断，也有定量的判断。

（2）制定经营目标。保险公司基于对外部环境的判断，为自己在将来一段时期内确立一个（或一组）经营目标。以研究财产保险公司的承保风险为例，保险

公司根据当年及过去年度的承保经验，并根据对未来一年市场环境的判断，然后制定下一年度的预期承保目标，比如包括保费规模增加 30%，综合成本率控制在 105% 以下，等等。预期目标是衡量风险大小的参照基准。

（3）制定经营策略。保险公司确定了经营目标后，需要通过制定经营策略去实现，如开发相应的产品、制定恰当的核保政策、设置足够的营销渠道和网点等。

（4）实施经营策略。针对制定好的经营策略，保险公司还需要着手去实施，实施过程是动态的，始终受到不断变化的外部不确定状态的影响。

仍可以借用 Savage（1954）中的记号，用 $A = \{f,\ g,\ h,\ \cdots\}$ 来表示主体的选择或行为，英文术语为 Act 或 Alternative 等。每一项行为都可以看作是从状态空间 S 到后果集（记作 $X = \{x_1,\ x_2,\ \cdots,\ x_k,\ \cdots\}$）的一个映射，即：

$$f：S \rightarrow X \text{ 或者 } f(s_k) = x_k,\ k = 1,\ 2,\ \cdots$$

这一记号清晰地显示了"外因（s_k）"是如何通过"内因（f）"起作用"$f(s_k)$"，从而导致事件"后果（x_k）"。

第三节　风险的综合效应与风险度量

一、综合效应

在外因与内因的相互作用下，就会产生国际标准化组织（ISO）2002 年版风险定义中所说的"综合效应（Combined Effect）"。这里，"综合"包含有两个元素：直接后果（Consequences）及其发生的可能性（Likelihood），可以分别记作 x_k 和 p_k。

需要说明的是，这里虽然将"可能性（Likelihood）"记作 p_k，但并不意味着是指传统数量统计中的可以用频率来解释的"概率（Probability）"。同样，将直接后果（Consequences）记作 x_k，也并不意味着它可以直接用数量来表示，甚至可以用货币金额值来衡量。它们只是记号而已。

此外，后果 x_k 对于风险主体来说究竟是好是坏，还取决于将它与主体的预期目标进行比较，记主体的相应预期为 o_k，直接后果与预期的偏差为 $x_k - o_k$，因此，好坏是一个相对的概念。比如，如果主体的预期目标 o_k 是 10 亿元盈利，而实际结果 x_k 是 1 亿元，其偏差就是负的 9 亿元。相反，如果主体的预期是亏损不超过 3 亿元，但实际后果只亏损 1 亿元，偏差也是正面的。

换句话说，风险概念确实与风险主体的预期目标直接关联。

二、风险度量

本书中所指的风险度量，就是指对偏离主体预期目标的综合效应进行度量，也就是对后果偏差"$x_k - o_k$"的严重程度及其发生的可能性 p_k 的综合效应进行度量。

一个风险事件的综合效应是否能够被度量，取决于上述两个元素是否都能够被量化。

如果后果偏差"$x_k - o_k$"的严重程度可以用数量来刻画，如用微观经济学中的效应值来衡量，记作 $u(x_k - o_k)$，或者能够直接用货币金额值刻画，那么第一个元素就是可以度量的。

如果后果 x_k 发生的可能性大小也可以用数量来表示，无论是用传统的所谓客观概率还是用非传统的所谓主观概率来刻画，那么第二个元素也是可以度量的，仍记作 p_k。

上述情形，即构成综合效应的两个元素（后果偏差的程度及其发生的可能性）都能用数量来刻画，则称所对应的风险是可以度量的，这项风险是"可量化风险（Measurable Risk）"。

相反，如果构成综合效应的两个元素中，至少有一个要素不能量化，则称该风险为"非量化风险（Un-measurable Risk）"。

总之，按照本书的界定，一种风险是否可以被度量，是指风险事件对应的综合效应是否可以被量化。

这样，我们就界定了什么叫做一种风险是可量化风险。

三、风险度量的分类

本书进一步提出，不仅风险概念是一个主观和相对的概念，风险度量的概念也是一个主观和相对的概念。

风险度量的主观性是指，分别度量综合效应的两个构成要素时，都可能包含有主观的成分在其中，例如，如果用风险主体的效用函数去衡量后果偏差的程度，那么效用函数被认为是一个主观概念。又例如，如果用于度量后果发生的可能性大小的刻度不是可以用频率解释的客观概率，而是用主观估计的不规范概率，其中当然也包含主观性。

风险度量的相对性，是指一项风险能够被量化的程度，通俗地说，就是某一风险究竟在多大程度上被量化了？

这是本书首次提出的一个全新的概念：将风险度量问题分为两类，然后重点关注第一类，进一步将其划分为完全度量和部分度量。

（一）第一类度量问题

第一类度量问题，是指以同一风险主体及其某一预期目标为参照，主体为实现其预期目标而提出多项备选方案或策略，然后想知道这些备选方案或策略各自对应的风险大小。

以 Markowitz 的投资选择模型为例，主体就是投资人，其预期目标是盈利，该投资人有若干资产配置方案或称投资策略，他想知道各项策略所对应的"风险大小"。如果将投资人替换为保险人，将投资策略替换为承保标的。那么，问题一样，保险公司想知道哪一项标的的风险更大或更小。

将第一类风险度量问题模型化：设主体为 P，主体关于某一决策问题的预期目标记为 $O = \{O_1, O_2, \cdots, O_n\}$，为了实现其预期，他有 k 项可以选择的方案，将其记作 $D = \{D_1, D_2, \cdots, D_k\}$。为了决定其中哪一项方案是最好的选择，他需要知道各项策略对应的风险大小。

但是，要知道各项策略 D_i 的风险大小，又有两种含义：一种是绝对的大小关系；另一种是相对的大小关系。

绝对的大小关系，相当于每一项策略 D_i 对应着一个数，记作 $\rho(D_i)$。这时，ρ 是一个从策略集到某实数集的映射。

相对的大小关系，相当于任何两项策略 D_i 和 D_j 之间的风险大小可以比较，仍记作 ρ，但这时的 ρ 是一个二元函数。若 $\rho(D_i, D_j) > 0$，表示策略 D_i 比策略 D_j 的风险更大。

1. 完全度量。对于主体的某项策略而言，要度量其相应的风险，并不仅仅意味着给它贴上一个数值大小的标签，就像给商场货架上的商品贴上一个价格标签一样。

事实上，当风险主体决定实施一项策略 D_i 时，主体并不能预知实施这项策略之后究竟会产生哪项结果，因为结果不仅仅由主体可以控制的策略及其实施而定，还受到不由主体控制或无法预知外部不确定性的影响。当主体可控的 D_i 与不可控的外部导因 $S = \{s_1, s_2, \cdots, s_m\}$ 相互作用后，其综合效应记作变量 $X_i = \{x_k\} = \{D_i(s_k)\}$，$k = 1, 2, \cdots, m$。

在 D_i 对应的风险是可量化风险的前提下，每一项可能结果 x_k 及其可能性大小 $p_k = P\{s_k\}$ 都可以量化，而且由于假定了 $S = \{s_1, s_2, \cdots, s_m\}$ 的状态中有且仅有一种状态会发生，因此，策略 D_i 对应着一个随机变量，将其记作 V_i，用符号表述为：

$$D_i: V_i: \begin{pmatrix} x_1, & \cdots, & x_n, & \cdots \\ p_1, & \cdots, & p_n, & \cdots \end{pmatrix}$$

在连续的情形下，可记作 $V_i: F_i(x)$，F_i 是 V_i 对应的概率分布函数。

完全度量是指可以获得 V_i 的概率分布或分布函数（密度函数）。

2. 部分度量。实际上，要获得一个随机变量的概率分布或分布函数，几乎是不可能的。在更多的情况下，是去获得随机变量的某些数字特征值，比如均值、方差等。概率分布是随机变量的完全信息，而特征值只是部分信息。这也是本书使用完全度量和部分度量的缘由。

部分度量又可以称为"特征值度量"，记作 ρ，看作是 $\{V_i\}$ 或 $\{F_i\}$ 上满足某些条件限制的映射：

$$\rho: \{X_i\} \rightarrow R^+ = [0, +\infty)$$

这就是上文中介绍过的 Artzner 等（1999）等研究中所归纳风险度量，这里不再赘述。

当然，为了实现比较不同策略 $\{D_i\}$ 之间优劣的目的，未必需要比较出 $\{F_i\}$ 或 $\{V_i\}$ 之间的"大小关系"。因此，一种比较 $\{F_i\}$ 或 $\{V_i\}$ 之间"优劣关系"的"随机占优"（Stochastic Dominance）模型也被作为推广的风险度量方法，称其为"序数度量"。

表3-3概括了第一类度量问题中的三种形式。

表3-3　　　　　　　　　　　第一类度量问题的三种形式

	类型	例子
1	完全度量	概率分布
2	特征值度量	标准差，半方差，VaR，TVaR，破产概率
3	序数独立	一阶随机占优，二阶随机占优

（二）第二类度量问题

第二类度量问题，是指以同一决策问题中的决策目标和同一组决策后果为参照，记决策后果为 $C = \{c_1, c_2, \cdots, c_m\}$，然后度量不同决策者对风险的不同态度，称为"风险态度（Risk Attitude）"。

例如，研究者是保险公司，研究的对象是不同经济状况或不同地区的不同人群，想知道不同人群对同一种风险的不同态度或反映，从而设计出差异化的保险合同。

再例如，研究者是咨询公司、独立研究机构或保险监管机构，研究对象则是同一市场上的保险公司，研究目的是帮助各保险公司设计出自己的全面风险管理体系。其中一个关键问题，就是要识别各保险公司的所谓"风险偏好（Risk Appetite）"，相关和相近的概念还有风险容量（Capacity）和风险容忍度（Tolerance）等。

这是微观经济学中的经典理论，方法是用不同决策者关于决策后果 $C = \{c_1, c_2, \cdots, c_m\}$ 上的效用函数 $u(c)$ 及其性质来计量不同决策者之间偏好或厌恶风险的程度，典型的模型如"Arrow – Pratt 指数"（Arrow 1965，Pratt 1964）。

Arrow – Pratt 绝对风险厌恶系数（Arrow – Pratt measure of absolute risk-aversion，ARA）：

$$A(c) = -\frac{u''(c)}{u'(c)}$$

Arrow – Pratt 相对风险厌恶系数：

$$A(c) = -\frac{cu''(c)}{u'(c)}$$

在一定程度上，可以将第二类度量问题看作是第一类度量问题的补充或一部分，因为要衡量决策后果对风险主体的综合效应或影响，从理论上说不能仅仅用货币金额值来衡量，而应该考虑其对主体的"价值"或"效用"。至于是否可以将这种本质上属于主观的度量通过金额值大小来刻画，是一个很值得研究的问题。

第四节　新理论的基本框架

通过对风险概念各构成要素及其关系的分析，本书初步构建了一套新的风险理论，该理论与风险的实质特征相吻合，强调了风险概念内涵的主观性和度量的相对性，更真实地揭示风险的形成和演变规律。

一、风险的新定义

风险（Risk）是指，相对于某一主体（当事人，决策者）及其预期目标而言，一个由外因、内因和综合效应这三个要素共同构成的一个动态因果过程。形式上，可记为：

风险 =（外因，内因，综合效应）

其中，风险的外因是外部的不确定性（Uncertainty），也即风险主体不能控制或无法预知的未来状态，包括"已知的未知"（Known unknowns）和"未知的未知"（Unknown unknowns）。风险的内因是风险主体对外部不确定状态的判断和行为选择。外因通过内因起作用，两者共同作用所导致的结果，就是风险的综合效应，通常是指实际结果负面偏离主体预期目标的程度和可能性。

举例来说，如果研究财产保险公司的承保风险，那么，保险公司作为风险主体，所不能控制或无法预知的未来状态可能包括是否发生巨灾事故、监管部门是否调整税收或费率管制政策，等等。

在以上三个构成要素的共同作用下，会产生一个影响效应，具体来说，这个影响是指保险公司实际的经营结果与其预期目标之间的偏差程度，以及这种偏差发生的可能性。这也是一个"风险"概念中的第四个构成要素。

二、风险的形成规律

风险的上述定义及其所揭示的风险的动态特征如图 3 - 1 所示。

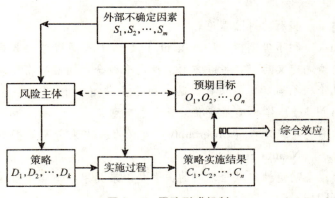

图 3 - 1　风险形成机制

图 3 - 1 中，不确定性（Uncertainty）被表述为决策者不能控制或无法预知的未来自然状态，有限情形下的状态集记为 $S = \{s_1, s_2, \cdots, s_m\}$。决策者基于自己对未来状态的认识和判断，提出了一组预期目标以及实现目标的相应策略，记目标集为 $O = \{o_1, o_2, \cdots, o_n\}$，策略集为 $D = \{D_1, D_2, \cdots, D_k\}$。通过实际执行某项策略后，由外因与内因共同作用的结果记为 $C = \{c_1, c_2, \cdots, c_n\}$。不难看到，它们之间的相互关系可以描述为：

$$D_i: S \rightarrow C \text{ 或者 } c_{ij} = f(D_i, s_j), i = 1, \cdots, k; j = 1, \cdots, m$$

其中，可以将后果 c_{ij} 理解为直接后果 $c_{ij} = f(D_i, s_j)$ 与预期目标 o_k 之间的偏差。

为了再次强调"外因通过内因起作用"所表现出来的风险的动态特征，可以将图 3 - 1 中的风险形成机制提炼为一副风险外部因素的动态影响图，这也是由于外部不确定因素对风险主体的影响过程决定的。如图 3 - 2 所示，在 t_0 时刻，外部因素 $S(t_0)$ 影响决策者制定预期目标 O_i；在 t_1 时刻，$S(t_1)$ 影响决策者制定策略 D_j；在 t_2 时刻，$S(t_2)$ 影响决策实施过程。直观表述如图 3 - 2 所示。

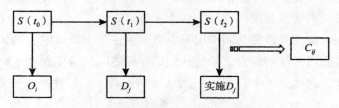

图 3 - 2　外部因素的动态影响

本 章 小 结

本章构建了一套新的风险理论。

风险（Risk）和不确定性（Uncertainty）是两个不同概念，若要使用后者来定义前者，必须先定义后者。另一方面，这两个概念之间确有密切联系。

首先，风险和不确定性都只有以某一行为主体（又称"当事人"或"决策者"，Decision Maker）作为参照基准，概念才有意义。

其次，本书将不确定性（Uncertainty）定义为：决策者不能控制或无法预知的未来自然状态（Natural States）。

本书认为，不确定性与风险之间的关系是因果关系。不确定性是风险的外部导因（External Drivers）。

除外部导因外，风险还有内部导因（Internal Drivers），那就是决策者（风险主体）可以控制的行为，包括设立预期目标、为实现预期目标所制定的策略及其实施过程。

本书对风险作出以下定义：

风险（Risk）是指，相对于某一主体（当事人，决策者）而言，由外因和内因的相互作用所导致的、偏离当事人预期目标的综合效应，即风险 =（外因，内因，综合效应）。

这一套新的风险理论清晰地揭示了"风险"这一基础概念的理论内涵和应用

属性。

（1）揭示了风险概念的动态特征。作为外部导因的不确定性因素是主体无法控制的未来状态，其本身不断变化并在主体能够控制的三个环节上影响并与其共同作用，形成决策后果。

（2）增加了风险分类的视角和方法。可以将保险公司面临的各种风险按照"内因主导"和"外因主导"来进行区分。

（3）为识别风险的传导机制提供了借鉴。以保险公司作为风险主体，宏观经济层面和保险行业层面的因素都属于保险公司不能控制的外部因素，是导致保险公司风险的外因，按照"外因通过内因起作用"的原理，推导出风险传导的路径是：从宏观层面到行业层面，从行业层面到公司层面，然后再传递到具体的业务层面。

（4）为风险度量问题及其模型分类提供了一个参照系。以本书风险定义中的构成要素为参照基准，本书将风险度量归结为两类问题。第一类度量问题是以某一主体的决策问题框架为参照，为了比较决策策略之间的优劣而去比较策略对应的随机变量之间的"大小"关系。第二类度量问题是以某一决策问题的决策后果集为参照，去比较或度量不同决策者关于风险的态度或偏好大小。

第四章

风险分类的新方法

——主要导因法

有效识别非量化风险，厘清它们之间的内在联系，并在此基础上对非量化风险进行分类，是保险公司内部风险管理和外部监管开展工作的基础，非常重要。本章是前文所建立的风险理论的应用之一，尝试从"导因"出发，解决风险的识别和分类问题，并进一步识别一些重要的非量化风险的风险因素，为后续研究打好基础。

第一节　现行分类中存在的问题

或许是因为目前保险业对风险的理解和认识还不够深刻和全面，导致风险的识别和分类中还存在一些问题，而对风险识别和分类中存在的问题又会影响风险的管理和监管，因此必须正视它们，并尝试去解决它们。

一、风险分类的综合性

不同公司或者监管部门为了实现自身的风险管理或监管工作的需要，都会设置符合自身研究和使用状况的非量化风险分类，这样一来会产生一个问题：不同保险公司或监管部门对非量化风险的分类可能不同，哪一种分类方法更具有普遍意义？换句话说，哪种风险分类的方法更具有完整性？要回答这个问题也许并不容易，本书尝试从问题的另一个角度来回答。

例1　不同保险公司或监管者的风险分类

表4-1列举了四种风险的分类方式，他们来自不同的保险公司或监管者：FSA Prudential Sourcebook、German regulator BaFin、Lloyd Banking Group 和 Prudential plc。

在表4-1中对比的四种风险分类方法中，除了市场风险、信用风险、保险风险、流动性风险、操作风险、战略风险等常见风险是被公认的风险类型以外，不同的机构也在尝试根据自身的情况补充一些风险类型，以完善风险分类的综合程度，但却不能说哪一种分类方法是完整和全面的。

表4-1 几种不同的风险分类方法

FSA Prudential Sourcebook	German regulator BaFin	Lloyd Banking Group	Prudential plc
市场风险	市场风险	市场风险	市场风险
信用风险	信用风险	信用风险	信用风险
保险风险	承保风险	保险风险	保险风险
流动性风险	流动性风险	金融稳定性风险（包含流动性风险）	流动性风险
操作风险	操作风险	操作风险	操作风险
	战略风险	业务风险（与战略相关）	战略风险
集团风险			
	集中风险（风险相关性）		
	声誉风险		
			业务环境风险

尤其值得关注的是，Prudential plc 的风险分类中的"业务环境风险"（Business Environment Risk）。所谓业务环境风险，是指外部环境导致保险公司经营目标和战略发生重大变化的风险。[①] 从保险公司的角度看，这类似于一种行业系统性风险。关于行业系统性风险，虽然是当前保险业乃至整个金融业关心的一大话题，但究其本身就存在认识不完整的问题。

例2 行业系统性风险

国际货币基金组织（IMF）、金融稳定理事会（Financial Stability Board, FSB）和巴塞尔委员会（BIS）（2009）将（金融）系统性风险（Systemic Risk）定义为：[②]

"由系统内部的主要部件所发生的故障（称为系统事故）导致的并将对整个经济体系产生严重的负面影响的系统运行故障。"

---

① 原文：relating to exposure to forces in the external environment that could significantly change the fundamentals that drive the business's overall objectives and strategy.

② 原文：The risk of disruption to the flow of financial services that is (i) caused by an impairment of all or parts of the financial system; and (ii) has the potential to have serious negative consequences for the real economy.

笔者认为，上述定义存在以下两个问题：

（1）视角问题。将导致系统性风险的主要原因归咎于系统内部的所谓系统性重要金融机构（SIFI）及其所发生的所谓系统性事件（Systemic Event）。

（2）立场问题。将金融（保险）服务和市场体系的制度设计者、政策制定者或监管者，或者说将自己置身于"系统性风险"的"系统"之外，以一种外在和俯视的角度看待风险，认为风险都是别人造成的，与自己的行为无关。

这就是一种对系统性风险认识和分类不够完整的表现。

二、风险的名称与内容的配比性

目前，风险分类的工作做得还不够细致，甚至非常粗略。很多对风险的认识，保险业借鉴银行业，国内保险业又借鉴国外保险业，而借鉴的结果往往是文不对题、词不达意。如果仅仅从风险的名称来看，而不仔细思考其包含的风险内容，就很容易造成对风险理解片面，这很不利于管理和监管风险。

例3 "操作风险"的名称和内涵

对于操作风险的定义可以追溯到银行业。1999年，巴塞尔银行监管委员会在原有巴塞尔协议的基础上推出了更加符合现实需要的新巴塞尔协议规定，即巴塞尔Ⅱ，其中提到了关于操作风险的定义，指出：[①]

"操作风险（Operational Risk）是由于不完善的或错误的流程、人员、系统或外部事件导致损失的风险，定义包括法律风险，但不包括战略风险和声誉风险。"

这一定义源于银行业，但由于银行业和保险业有很多共同特点，国际精算协会（IAA）建议保险业的操作风险也使用巴塞尔协议的定义，但同时也建议保险监管机构、保险公司及精算业界应该通过努力，研究保险行业操作风险自身的特点。

受国际权威机构的影响，我国保险业对操作风险的定义很大程度上都是在参照巴塞尔协议中的定义。例如，2010年，《人身保险公司全面风险管理指引》中指出：

"操作风险是由于不完善的内部操作流程、人员、系统或外部事件而导致直接或间接损失的风险，包括法律及监管合规风险。"

与巴塞尔Ⅱ的定义一模一样！

长期以来，保险业对操作风险的定义就是这样延续着银行业对于操作风险的

---

① BIS, 1999, A New Capital Adequacy Framework, Consultative Paper, Basel committee on banking supervision.

定义，但是，保险业的操作风险真的就是这样一种包含流程、人员、系统和外部事件四方面因素的风险吗？如果说流程、人员和系统三方面可能存在"操作"风险，那外部事件的"操作"风险又从何而来呢？

因此，所谓的"操作风险"的名称和它所包含的内容之间还存在很大差异，要想正确认识这类风险，就需要对其进行剖析，分析其风险因素。例如，英国保险行业协会（ABI）下设的操作风险机构（ORIC）将操作风险又具体分为了23子类，包括内部人员欺诈、外部欺诈、误销、IT问题、控制失误、关键商业循环的过程失误等，而每一个方面又可以作为一种独立的、单一的风险来进行研究。所以，对于像操作风险这样内容丰富的风险，仅仅用"操作"两个字是很难表述清楚其内含的，这不仅对风险监管帮助不大，甚至增加了监管的难度。

三、风险分类与目的的协调性

目前国内保险业关于风险的分类还存在一定偏差，也就是风险分类方法及其目的之间存在协调性问题。导致这个问题的原因同样是由于对风险的分类方法是对银行业的直接借鉴，而没有认真研究中国保险业的自身特点以及风险分类的目的，从而导致风险的分类与其目的之间存在偏差，影响风险管理和监管。

例4 《保险公司风险管理指引（试行）》的风险分类

前文中已经提到过，我国保监会2007年4月发布的《保险公司风险管理指引（试行）》第15条指出，保险公司经营过程中面临的主要风险包括"保险风险、市场风险、信用风险和操作风险等"。保监会颁布该指引的初衷是指导保险公司识别和评估经营过程中的各种风险，从而有效地进行全面风险管理。但是，该指引中给出的风险分类方法却直接引用了美国RBC模型中计算偿付能力资本充足率时的风险分类方法，这会出现很多隐患问题。

其一，这种以计算偿付能力充足率为目的的风险分类方法是针对可量化风险的一种分类方法，而中国保监会将这种风险的分类方法借鉴过来作为保险公司全面风险管理的风险分类是不合适的。这一举措无疑将不可量化的风险排除在外，保险公司的全面风险管理在这样的风险分类的引导下变成了对可量化风险的管理。难道不可量化的风险就不是全面风险管理的对象了吗？一定不是。相反，由于非量化风险难以准确的通过标准公式或内部模型计算并得到相应的资本要求，往往更难控制。所以，既然是针对保险公司的全面风险管理，就应该包含保险公司经营过程中可能面临的所有风险，不能避重就轻。

其二，保监会在上述文件中将保险风险、市场风险、信用风险和操作风险表述为是保险公司经营过程中面临的"主要风险",这很可能会让保险公司误以为只有以上四种风险才是它们所面临的主要风险,而战略风险、流动性风险等其他风险,则不属于"主要风险",不需要特别重视,但事实并非如此。更加需要重视的是,在中国这样一个新兴的保险市场,很多体制和机制还很不完善,这就可能导致在中国保险公司面临的风险要比国外保险公司面临的风险更加复杂,中国保险市场的主要风险绝对不是保监会所阐述的四个这样简单,照搬照抄国外的先进经验并不可行。

因此,既然是要全面风险管理,风险的分类方法就应该与研究和管理风险的目的协调一致。

四、原因与结果的完整性

风险管理的目的是规避风险、减小损失,即"未雨绸缪"。但现有的风险管理方法均从风险的综合效应出发,而忽略了风险的本质,即风险是一个由外因、内因和综合效应共同构成的动态因果过程,对于风险的源头——风险导因的管控才是重中之重。以火灾保险为例,为了防止被保险人在投保后对建筑物存在的安全隐患麻痹大意,促进投保人切实有效地进行自我风险管理,保险公司会设计一系列激励措施,如降低保费、修缮补贴等,从风险的源头出发,防患于未然,以降低火灾发生的频率以及损失程度,既能够减少客户的保费支出,又能够为保险公司带来可观的经济效益。

还有一个例子是投资风险和市场风险。"投资风险"的表述是强调内因,但与其具有相同含义而表述不同的"市场风险",则强调该风险是由于市场利率变化而导致的,所以这两类风险实际上指的是同一类风险,分别列出则有些不妥。除此之外,投资风险本身也需要再做分析。

例5 投资风险

笔者认为,在实际操作过程中需要更加明确风险的定义,对各类风险的划分也需要更加清晰,否则可能产生歧义。例如,根据笔者对风险的认识,投资策略方面的风险属于内因主导风险,可归于策略风险;投资过程中具体操作的风险也属于内因主导风险,可归于操作风险或投资合规风险;受市场环境影响而导致的投资风险属于外因主导风险,可归于利率、汇率、权益价格等风险。在按导因对风险进行分类时,投资风险可以根据来源进一步细分,分别归类于内因主导型风险下的策略风险、操作风险、合规风险及外因主导型风险下的利率风险、汇率风险、权益价格风险等,在该风险分类方法下,投资风险不需要单独列出。具体如图4-1所示。

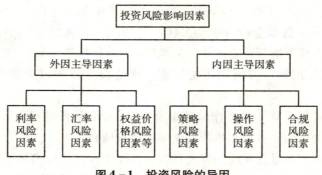

图 4 - 1　投资风险的导因

五、定量风险与定性风险边界不清晰

很长时间以来，保险业并没有明确的划分什么是定量风险，什么是定性风险？这本来就是一个比较困难的问题，很多人都会质疑：哪里有绝对的定量风险和绝对的定性风险呢？定量风险中也可能包含有定性的因素，而定性风险中也可能包含定量的因素。笔者认为，这个问题在不同时期的答案是不同的，随着对风险认识和理解的逐步深入，一些过去认为是难以量化的风险就可能变成了可量化的风险，而过去没有办法评估的非量化风险也有可能产生了新的评估办法。甚至过去认为是可以量化的风险现在却又被认为是难以量化的，操作风险就是这样一个例子。

例6　操作风险的可量化性

操作风险的概念来源于银行业。

2004 年，巴塞尔银行监管委员会发布了对银行监管的资本要求（BIS，2004），其中将操作风险划作在第一支柱下要求计算最低资本要求的风险之一，在当时，操作风险还是一种新的风险，巴塞尔Ⅱ提出了一些标准化的方法，包括建立了基于银行自有模型的内部模型。巴塞尔Ⅱ框架中提供了三种复杂程度和风险敏感度依次提升的计算操作风险额度的方法，分别是基本指数法（the Basic Indicator Approach，BIA）、标准法（the Standard Approach，SA）和高级度量法（Advanced Measurement Approach，AMA）。

同年，国际精算协会（IAA）成立了保险公司偿付能力评估工作组，工作组同意巴塞尔Ⅱ的三支柱体系，也推荐在第一支柱下覆盖操作风险，并使用巴塞尔Ⅱ的方法定量计算操作风险。但是，工作组也建议监管机构、保险行业和精算界结合保险业情况开发新的度量操作风险的方法。

虽然 IAA 将操作风险作为一种可以度量的风险，但是很多研究也发现，照搬照抄银行业的方法，似乎并不合适保险业，尤其在中国这样一个新兴的保险市场。2013 年 3 月，保监会针对"偿二代"发布的"整体框架"中首次将操作风险划作在第二支柱下进行监管的非量化风险，"整体框架"做出这一结论的理由是"我国也没有积累这方面的历史数据，现阶段难以通过定量监管手段进行评估"。

笔者同意"偿二代"将操作风险作为一种非量化风险进行监管，在本书研究中也将操作风险作为一种重要的非量化风险进行研究。

总之，目前对非量化风险的分类存在一些缺陷，这些缺陷将增大风险监管的难度。风险的分类代表一种专门定制的"风险语言"。所谓语言，是人类重要的交际工具，是人们进行沟通交流的基础。"风险语言"则是保监会风险监管和保险公司全面风险管理的工具和基础，如果"风险语言"出现问题，精算师们讨论风险时就会产生困惑，监管者在实施监管时也会遇到困惑。因此我们需要一种更加具体的风险分类方式，作为一种基础的"风险语言"，这才有助于风险监管和全面风险管理的目的。

第二节　主要导因法的基本原理

针对以上问题，本书提出一种全新的风险分类方法——主要导因法。"主要导因法"就是按照"内因主导"和"外因主导"对保险公司的各种风险进行分类。

风险是由于内因和外因作用共同导致的。"内"和"外"，是相对于某一行为主体而言的，如保险公司这一风险主体。对于保险公司的风险来说，内因是指保险公司内部的决策者和管理者所从事的保险决策与经营管理活动，外因是指来自保险公司外部、与保险经营有关的外部环境因素，包括人为因素、自然因素以及两者的结合因素。

正如前文中提到的欧盟 Sharma 报告（2002）[①] 中的"因果链"（Cause-effect Chain）描述的那样，如图 4 - 2 所示。

Sharma 等认为，保险公司在经营过程中所面临的各种风险，如保险风险、投资风险、信用风险、操作风险等，都可以归结为由内部因素和外部因素交织作用所导致的结果。其中，内部因素不仅包括保险公司的治理结构、内控制度、高级管理人员的任职资格等制度因素，还包括各级管理人员的胜任能力、经营理念和

---

① Sharma Report, 2002, Prudential Supervision of Insurance Undertakings.

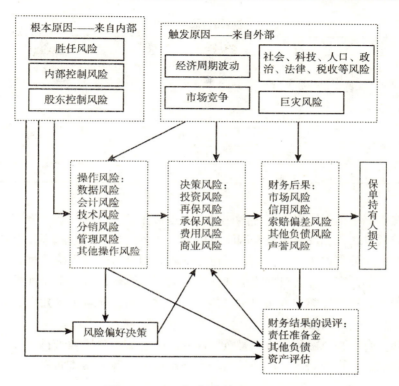

图4－2　Sharma 报告的风险因果链

风险偏好等主观因素，这些因素将直接影响保险公司各级管理人员的经营决策和管理活动。事实上，保险公司的一系列经营活动都是保险公司的管理决策者基于自己的经营理念和风险偏好，以及对外部不确定因素的判断，为了实现既定的经营目标而做出的决策。外部因素则包括外部经济环境、市场竞争状况、监管环境、社会和自然中的特殊事件等，既包含人为因素，也包含自然因素。

　　按照这种思路，将保险公司面临的风险分为内因主导、外因主导两大类，如表4－2所示。在表4－2中，"承保风险"和"投资风险"是保险公司的两大类风险，但其表述方式强调了这两类风险（主要）是由于保险公司可以控制的承保和投资预期、策略和执行过程所导致的，属于"内因主导"型风险。与此相反，"巨灾风险"、"社会风险"或"政治风险"等风险类型，则主要是由保险公司所不能控制的外部因素所导致的，属于"外因主导"型风险。当然，由于风险的导因既有外因也有内因，因此，同一风险既可以强调外因，也可以强调内因。例如，"投资风险"的表述是强调内因，但与其具有相同含义而表述不同的"市场风险"，则强调该风险是由于市场利率变化而导致的。

表4-2　　　　　　　　　　　　　　按导因对风险分类

导因	风险类型	
内因主导	承保风险	定价风险、评估风险、费用控制风险
	投资风险	股票投资风险、PE投资风险、海外投资风险
	其他	
外因主导	巨灾风险	飓风、地震、SARS、转基因失控
	社会风险	消费者逆选择风险、道德风险、信任风险
	政治风险	战争风险、政权更迭风险
	其他	

　　虽然本书中提倡采用主要导因法对风险进行分类，但这并不代表就排斥传统的风险分类方法，相反，主要导因法可以和某些传统方法结合起来，形成更完整更立体的风险分类方法。事实上，无论是保险公司进行全面风险管理，还是监管机构实施外部监管，都会对保险业和保险公司的风险构成有一个全面的、综合的了解。因此，风险分类的方法也不可能只有一种，而应该从不同角度、不同层面综合认识风险，并对其进行分类。

　　例如，有一种风险分类方法是按照风险所处的层面对风险进行分类，将风险分为宏观层面、行业层面、公司层面和业务层面的风险，具体如表4-3所示。

表4-3　　　　　　　　　　　　　按层面对风险的分类

构成层面	风险类别举例
宏观层面	利率风险、政治风险
行业层面	政策变更风险、竞争风险
公司层面	治理风险、战略风险、合规风险、兼并风险
业务层面	承保风险、投资风险、操作风险、其他

　　这种风险分类方法的特点是能够比较清晰地展示风险的层次及其传导机制。

　　按照本书中的风险定义是以保险公司为主体的，凡是主体不能控制的未来状态或无法预知的事情，都作为风险的外因。因此，站在保险公司的角度，宏观和行业层面的因素都属于导致保险公司风险的外因，只有公司层面和业务层面的风险才能看作是内因导致的风险。而且，按照"外因通过内因起作用"的原理可以看到，风险的一条传导路径是：从宏观层面到行业层面，从行业层面到公司层面，然后再传递到具体的业务层面。这对我国保险业具有启发意义：研究风险，不能只盯着保险公司的实际业务过程看风险，更应该在一个宏观到微观的广阔视角下研究风险，尤其是在研究宏观和行业层面的系统性风险（Systematic Risk）

时，这个问题更加重要。

　　将主要导因法和这种风险分类方法结合起来，相当于增加一个分类维度，形成一种纵横交错的分类方法，具体见表4－4，本书将其命名为"纵横综合法"。在该风险分类方法中，首先，需要识别风险所属的层面，是宏观层面、行业层面、机构层面，还是业务层面；其次，识别对于风险主体，如保险公司来说，各个风险科目的主要导因，判断风险是由外因主导还是由内因主导；最后，考虑该风险科目是否可以量化。新增加的风险分类维度有助于保险公司进行全面风险管理，以及监管机构进行外部监管。下文中就以此思路，详细分析保险公司面临的一些主要非量化风险，这对非量化风险的监管和内部风险管理非常重要。

表 4－4　　　　　　　　　　风险的纵横综合分类法

风险层面	主要导因		量化特征	
	外因主导	内因主导	可量化	非量化
宏观层面				
行业层面				
机构层面				
业务层面				

　　本章第一节中总结了一些现行风险分类中存在的问题，主要导因法以及纵横综合法可以给予一定程度的解决。首先，针对本书研究我国保险公司非量化风险的评估问题，主要导因法很切合这一研究目的，和本书提出的"从源头而非结果监管风险"的思路一脉相承；其次，纵横综合法的两个维度——风险所处层面和风险的主要导因，尽可能的包含所有风险，包括前文中提到的常常被监管忽略的系统性风险。此外，结合本书提出的风险理论，风险的量化特征可以较为清晰地识别出来，在纵横综合框架中也能够体现出来。除此之外，用主要导因法的原理分析一些具体的风险，还可以更好地解决一些目前风险分类方法中存在的问题，下一节就来专门讨论这个问题。

第三节　主要导因法的应用

　　本章第一节中总结的一些现有风险分类方法存在的问题中，有一项是"风险的名称与其内容不匹配"，例如，操作风险的名称来源于银行业，却与其内涵不一致；还有一项是"对风险的原因和结果理解不完整"，具体表现就是目前绝大多数对风险的认识都是集中在风险的综合效应上，而忽视了风险的导因。本节应用主要导因法的原理再分析一些重要的非量化风险，就可以很好地修正这些不足。

一、操作风险

中国保监会《中国第二代偿付能力监管制度体系整体框架》（以下简称《整体框架》）将保险公司的"操作风险"定义为"由于不完善的内部操作流程、人员、系统或外部事件而导致直接或间接损失的风险，包括法律及监管合规风险，但不包括战略风险和声誉风险"。

按照上文所提出的风险分类方法——主要导因法，分析《整体框架》中对于保险公司"操作风险"的定义及判断。

首先，"操作风险"也是保险公司业务层面的风险，具体包括保险公司承保业务的"操作风险"和投资业务的"操作风险"。

其次，《整体框架》中所给出的"操作风险"定义，实际已经罗列了该风险的内、外部导因。但是，由保险公司内部操作流程失误或人员渎职、欺诈等行为所导致的"操作风险"，与由外部突发事件而导致的"操作风险"存在巨大差异，后者不存在"操作"过程。而且，风险管理是管理风险的导因，而非结果，但现行的"操作风险"定义中，风险导因十分复杂，需要对其细化。

最后，针对保险公司的"操作风险"是否可以量化的问题，关键在于明确哪些损失是由"操作"导致的。对风险的度量是度量其后果或综合效应，如果不能明确"操作风险"这一名称中"操作"的含义，也就无法确认由"操作"所导致的损失，从而难以度量该类风险。

根据以上分析，笔者同意保监会在《整体框架》中将"操作风险"归为难以量化的风险，不要求保险公司计算"操作风险"的资本要求。但同时，笔者认为"操作风险"的名称值得商榷，而且必须重新审视是否能够直接简单的套用银行业的术语，尤其是要思考"操作"一词的具体含义。

为此，这里引用 Keliber 等（2013）中介绍的英国保险行业协会（ABI）对"操作风险"的研究结论。该研究将保险公司的"操作风险"具体分为 10 个大类 23 个子类，其中，10 个大类包括：（1）内部人员欺诈；（2）外部欺诈；（3）公司雇员行为和工作场所安全性；（4）客户产品及商业行为；（5）实物资产破坏；（6）业务中断及系统崩溃；（7）管理失误；（8）法律及监管风险；（9）操作风险资本；（10）聚合与分散效应。

以风险导因的视角分析"操作风险"的 10 个大类 23 个子类的具体情况，可以发现，有些风险子类是内因主导的，如公司内部人员的操作失误、违法违规、关键人才流失等；也有些风险子类是外因主导的，如业务系统失灵和系统漏洞、外部机构或人员的欺诈、突发事件以及保险公司经营环境的不利变化，等等。

总之，目前保险公司"操作风险"的名称及定义，都是套用银行业的专业术语，在内涵上并没有做出区分。但根据本书所进行的分析，这一名称的使用并不恰当，因为"操作"一词与该类风险的具体内涵并不一致，无法准确地概括其中的一些外因主导型风险子类。因此，建议保险业不再使用"操作风险"这一术语，而应该按照风险的主要导因，将其细分为更加具体的风险科目，具体如表4-5所示。

表4-5　　　　　　　　按照主要导因细分"操作风险"

主要导因	风险类型	编号
内因主导	违法违规风险	CZ_NY1
	用人不当（关键人才流失）	CZ_NY2
	流程设计失误	CZ_NY3
	流程执行错误	CZ_NY4
	人员操作失误	CZ_NY5
外因主导	系统失灵	CZ_WY1
	系统漏洞	CZ_WY2
	外部欺诈	CZ_WY3
	突发事件	CZ_WY4
	经营环境不利变化	CZ_WY5

二、战略风险

中国保监会《整体框架》中将"战略风险"定义为"由于战略制定和实施的流程无效或经营环境的变化，而导致战略与市场环境和公司能力不匹配的风险"。

"战略风险"是保险公司机构层面的风险。根据上述保监会给出的定义，实际上已经包含了导致战略风险的导因，即战略制定、实施过程和经营环境。在这其中，战略制定和实施过程是作为风险主体的保险公司决策者可以控制或进行选择并实施的主观行为，是非常典型的内部导因，而经营环境则是保险公司经营者不能控制或无法预测的未来状况或不确定性，是风险的外部导因。

从"战略风险"的定义来看，导致战略风险的内部因素是战略制定和实施过程，导致战略风险的外部因素是经营环境的变化，而衡量战略风险的综合效应则是要看是否存在"战略与市场环境和公司能力不匹配"。可以发现，无论是导致战略风险的内部因素和外部因素，还是战略风险最终反映出来的综合效应，都是难以用公式或模型量化的。因此，保监会的《整体框架》中将战略风险作为一种非量化风险，是非常合理的。

但是，如果根据上述战略风险定义中体现出来的风险因素来对战略风险进行管控，那还过于粗略，因为导致战略风险的因素很多也很复杂，甚至还不及操作风险那样有条理，因此，还需要仔细研究。

参考 Keliber 等（2013）对战略风险的研究结论，导致战略风险的内部风险包括：（1）产品，如产品不具有足够的吸引力以适应战略需要；（2）服务，服务不够充分以至于达不到目标市场的期望；（3）声誉，差的声誉影响公司战略的实施，甚至破坏公司战略；（4）公司方案、计划和假设，比如方案或计划失败，假设出现错误；（5）成本，内部成本高于预期；（6）资本，公司没有足够的资本实施战略。

根据 Keliber 等（2013）的分析，战略风险是一类和其他风险联系非常紧密的风险，也就是说，战略风险往往会受到其他风险的影响。具体来讲：（1）市场风险对战略的影响，比如股票市场、利率等发生波动；（2）宏观经济对战略的影响，如失业增加会增多养老金需求；（3）信用风险对战略的影响，比如信用的变化会影响未来新业务的开展及其盈利能力；（4）保险风险对战略的影响，比如续保水平的变化可能影响未来业务的盈利能力；（5）税收对战略的影响；（6）政策风险对战略的影响；（7）产品市场对战略的影响，如对产品市场预测失败、竞争者及合作者对战略的影响等。而以上这些影响都是保险公司所无法预测或控制的，属于战略风险的外因。

将这些因素总结起来，可以得到表 4-6 中的结果。

表 4-6　　　　　　　　　按照主要导因细分"战略风险"

导因	风险类型	编号
内因主导	产品质量	ZL_NY1
	服务质量	ZL_NY2
	公司声誉对战略的影响	ZL_NY3
	公司方案	ZL_NY4
	成本	ZL_NY5
	资本	ZL_NY6

续表

导因	风险类型	编号
外因主导	市场风险对战略的影响	ZL_WY1
	宏观经济对战略的影响	ZL_WY2
	信用风险对战略的影响	ZL_WY3
	保险风险对战略的影响	ZL_WY4
	税收对战略的影响	ZL_WY5
	政策对战略的影响	ZL_WY6
	竞争者及合作者对战略的影响	ZL_WY7

三、信用风险

中国保监会《整体框架》将保险公司的信用风险定义为"由于交易对手不能履行或不能按时履行其合同义务，或者信用状况的不利变动而导致的风险"。而且，将信用风险作为可量化风险，纳入计算最低资本要求。

按照上文所提出的风险分类方法主要导因法，以保险公司为风险主体，针对三种不同的风险分类维度，依次分析"信用风险"。

首先，信用风险属于保险公司业务层面的风险。保险公司的业务包括承保业务和投资业务，两种业务都面临一定的信用风险。

其次，信用风险的实质是交易对手违约的风险。保险公司的交易对手主要包括承保业务中的交易对手和投资业务中的交易对手。这些交易对手是否违约，属于保险公司难以预测和无法控制的事件，因此"信用风险"属于"外因主导型风险"。

最后，分析保险公司的信用风险是否为可量化风险，即分析各个交易对手违约的风险是否能够量化。按照传统上对"可量化"的理解，只有当存在充分、稳定的历史数据支持风险的分布特征时，才能称作"可量化风险"。

总之，按照上文所提出的风险分类方法进行分析后发现，以《整体框架》为代表的、国内外相关文献中对保险公司"信用风险"的判断值得商榷，需要进一步的研究。其中最为关键的是，交易对手违约的风险是否可量化？如果答案是肯定的，则可以通过设置资本要求来管控"信用风险"，但如果答案是否定的，那么必须准确地识别"信用风险"的主要导因，以便保险公司在其全面风险管理体系中有针对性地设置防范措施。

那么，交易对手违约的风险究竟是否为可量化风险呢？保险公司承保业务和投资业务中的交易对手存在很大差异，因此需要逐一识别各个交易对手，然后具体分析每类交易对手违约风险的可量化程度。Keliber 等（2013）对该问题做了深入研究，将保险公司的信用风险细分为六大类 28 个子类。受其启发，笔者将保险公司在承保业务和投资业务中相应的交易对手概括如表 4 - 7 所示。

表 4 - 7　　　　　　　　　　按照主要导因细分"信用风险"

导因	风险类型	编号
内因主导	—	—
外因主导	政府债券的发行主体——国家及政府部门	XY_WY1
	股票、债券的发行主体——公司或企业	XY_WY2
	被保险人	XY_WY3
	再保险人	XY_WY4
	保险公司内部人员	XY_WY5
	保险中介（代理人、经纪人、公估人等）	XY_WY6

在 6 类交易对手中，显然保险公司所能控制的只有一部分保险公司内部人员的违约风险，其余都是无法控制或难以控制的，因此，均属于外因主导型风险。

而且，上述 6 种交易对手违约风险之间的差异较大，关联性不强，很难将所有的交易对手违约风险进行统一度量。这与商业银行的"信用风险"是完全不一样的。

商业银行的"信用风险（Credit Risk）"是指贷款人违约的风险，是商业银行的主要风险。对于经营时间较长的商业银行来说，贷款人数目众多，分类清晰，历年累计的违约数据质量也相对准确和充分，因此，可以用于估计各类贷款人的违约风险。而保险公司的情况则正好相反，保险公司的交易对手不仅仅是贷款人，还包括保险中介、被保险人等，不存在充分、稳定的数据来度量他们的违约风险。

因此，保险公司的"信用风险"与商业银行的"信用风险"具有完全不同的含义。商业银行的信用风险可以度量，但保险公司的信用风险却难以度量。保险公司不宜简单地使用"信用风险"这个术语，而应该直接使用"××交易对手违约风险"。

四、流动性风险

在中国保监会的《整体框架》中，流动性风险被定义为"保险公司无法及时获得充足资金或无法以合理成本及时获得充足资金以支付到期债务的风险"。这是一类属于保险公司机构层面的风险。

按照《整体框架》中对流动性风险的定义，流动性最终表现出来综合效应是保险公司"无法支付到期债务"，而导致这一结果的原因有二：一是保险公司无法及时获得充足资金；二是保险公司无法以合理成本及时获得充足资金。从流动性风险定义中体现出来的风险导因来看，无论是保险公司无法及时获得充足资金，还是保险公司无法以合理的成本及时获得充足资金，都是保险公司决策者无法控制的，是由外部不确定性因素导致的，因而可以认为是一类外因主导的风险类型。

关于流动性风险是否能够量化的问题，保监会的《整体框架》中已经明确将其列入第二支柱下的非量化风险范畴内。笔者同意保监会的这一结论，虽然国内外有很多文献从保险公司资产负债合理配置的角度并采用一些模型和公式尝试度量流动性风险，但是从流动性风险的定义及其形成机制来看，导致流动性风险形成的因素受很多不可控因素的影响，很难用模型和公式加以度量。例如，以导致流动性风险的第一个原因——保险公司无法及时获得充足资金为例，这有可能是公司声誉影响了公司的融资能力，也有可能是保险市场不景气而影响公众对保险的预期导致大规模退保等，而这些都是难以量化的风险因素。因此，将流动性作为一种非量化风险进行管控是合理的。

在 Keliber 等（2013）的研究中，考虑了更多更细致的导致流动性风险的因素，包括：（1）与不可支配负债有关的资金外流，例如，负债到期；（2）与可支配负债有关的资金外流，例如退保；（3）与资产有关的资金外流，例如衍生工具追缴的保证金；（4）与公司治理有关的资金外流，例如，支付红利；（5）流动性资产受损；（6）保险公司整体流动性充分但缺乏某一特定货币或基金（如开放型房地产基金，Open-ended Property Fund）；（7）其他风险的影响，例如，保险公司可以承担单一的流动性风险，但如果多个风险聚集，保险公司就可能遭遇破产危机。可以发现，以上7个风险类型都不是保险公司决策者的主观行为可以决定的，因而都是导致流动性风险的外部因素，所以流动性风险可以认为是一类外因主导的风险类型。

和前文中的思路一样，我们将这些风险因素列表归纳起来，使其能够更加有效地用于对流动性风险的管理和外部监管中，如表4-8所示。

表4-8   按照主要导因细分"流动性风险"

导因	风险类型	编号
内因主导	—	—
外因主导	与不可支配负债有关的资金外流	LD_WY1
	与可支配负债有关的资金外流	LD_WY2
	与资产形成有关的资金外流	LD_WY3
	与公司管理有关的资金外流	LD_WY4
	流动性资产受损	LD_WY5
	某一特殊货币或基金的流动性风险	LD_WY6
	其他风险共同影响	LD_WY7

本 章 小 结

本章研究非量化风险的识别和分类问题，对风险的准确识别和恰当分类是保险公司进行全面风险管理和监管机构进行外部监管的重要基础。风险的分类是一种在进行风险管理或监管过程中使用到的"风险语言"，创建一种更完整、更合理的"风险语言"非常重要。但就目前存在的"风险语言"来看，还存在一些问题：

（1）风险分类不够综合，存在片面性；

（2）风险的名称与内容不匹配；

（3）风险分类与其研究目的不一致；

（4）风险原因和结果分析不完整，甚至因果倒置；

（5）定量风险和定性风险边界不清晰。

针对这些问题，本章提出一种对风险的新的识别和分类的方法"主要导因法"，即通过识别风险的主要导因对风险进行分类，引导保险公司在进行全面风险管理和监管机构进行外部监管时更加关注风险的导因，而非结果。

作为主要导因法的一个重要应用，可以更加细致地识别一些非量化风险。

（1）操作风险。操作风险是一类处于业务层面的风险，它所涵盖的风险子类中有一些是内因主导的，例如，违法违规、用人不当、流程设计失误、流程执行失误、人员操作失误等，还有一些是外因主导的，例如，系统失灵、系统漏洞、外部欺诈、突发事件、经营环境的变化等。

（2）战略风险。战略风险是一类处于公司层面的风险，它所涵盖的风险子类中也同样包含有内因主导的风险和外因主导的风险，其中属于内因主导的包括产品、服务、声誉、公司方案、成本、资本等，而外因主导的因素则大多体现在其他风险对公司战略的影响上，例如，市场风险的影响、宏观经济的影响、信用风险的影响、保险风险的影响、税收的影响、政策的影响等。

（3）流动性风险。流动性风险是一类处于公司层面的风险，以往很多研究都尝试采用公式模型度量非量化风险，但是从流动性风险的定义以及导致流动性风险的因素分析可以发现，流动性风险是一类难以用公式模型度量的非量化风险，而且是一类外因主导的非量化风险，导致流动性风险的外因有负债到期、退保、追缴保证金、支付红利、流动性资产受损、某种货币或基金缺乏流动性、其他风险影响等。

（4）信用风险。虽然"偿二代"中将其划归为可量化风险，但是其涵盖的风险子类中也大有非量化因素，本研究中将信用风险作为一种非量化风险进行分析，并将其导因识别为国家及政府部门、公司或企业、被保险人、再保险人、保险公司内部人员和保险中介六大类。

根据我国保险业目前的发展情况，"操作风险"、"战略风险"、"流动性风险"和"信用风险"都属于难以量化的风险。我们需要更加关注风险的导因而非其结果，本章已经识别出了这些重要的非量化风险的导因，这有助于后续评估各类重要的非量化风险，并设置相应的定性措施来实现全面风险管理和保险监管的目的。

第五章

风险评估的新方法
——由果及因法

在重新定义了风险概念，并按主要导因对保险公司的风险进行分类后，本章研究如何评估保险公司面临的风险，并建立一套全新的风险评估方法，称之为"由果及因法"，其设计原理是：从风险的结果出发去追溯风险的源头，即追溯导致风险的外部和内部原因，进而分析外因与内因的交互过程及其影响效应。

第一节 设计原理

按照本书构建的风险理论，风险是以某一主体及其预期目标为参照，一个集"外因"、"内因"、"综合效应"于一身的三元概念，形式化的记作：

$$风险 = (外因，内因，综合效应)$$

外因为风险主体无法控制和无法预知的外部自然状态，记为 $S = \{s_1, s_2, \cdots, s_n\}$，内因是主体可以控制的判断或选择行为，记为 $F = \{f_1, f_2, \cdots, f_m\}$，而综合效应则是外因与内因共同作用的结果，记作 $X = \{x = f_i(s_j) \, i = 1, 2, \cdots, n; j = 1, 2, \cdots, m\}$。

对风险的这个认识和定义，更好地反映了风险的本质特征，并揭示了风险的形成和演变规律，这一过程可以用图 5 – 1 来表示。

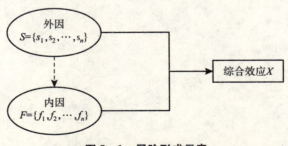

图 5 – 1 风险形成示意

揭示风险概念的内涵和规律，目的是为了更好地管理和控制风险。其中，对风险进行评估是实现这一目的的核心和关键。因此，必须明确界定"风险评估（Risk Assessment）"的含义和内容，进而研究评估风险的方法。

由于本书对风险的定义与传统定义完全不同，因此，对风险进行评估的定义也自然不会相同。

传统风险管理理论中（例如 ISO 2009），风险评估（Risk Assessment）是指对风险综合效应的评估，由风险分析（Risk Analysis）和风险评价（Risk Evaluation）两个部分组成。其中，风险分析是指对各种不确定性状态发生可能性的评估，通常表现为对发生概率大小的估计。而风险评价则是指对事件直接后果的经济价值或损失效应的计量。

而本书中所指的风险评估，是对风险概念中各主要构成要素进行识别、确认、评价、分析与综合的过程，目的在于揭示风险的潜在影响效应以及形成与演变规律。

换句话说，本书所定义的风险评估，其内涵超越传统的含义，具体包括以下五项内容：

第一，确认风险主体及其预期目标；

第二，分析和评价综合效应的影响程度；

第三，识别和确认风险的外部导因；

第四，识别和确认风险的内部导因；

第五，综合分析外因与内因的互相作用。

举例来说，以某一保险公司为风险主体，研究目的是评估该公司的某一项具体的风险科目，比如评估该公司的投资风险，那么，针对这一具体的评估目的，相应的"风险评估"内容可以概括为表5-1中的各项要素。

表5-1 **保险公司投资风险的评估框架**

（一）风险主体及预期	保险公司及其投资预期		
（二）风险（综合效应）	特定风险科目（比如投资风险）的综合效应 （实际结果与预期目标的偏差的综合效应）		
（三）外部导因	外因1		
	外因2		
	……		（五）内外因的交互作用
（四）内部导因	内因1		
	内因2		
	……		

不仅如此，表5－1中对评估要素的编号和顺序，还反映了风险评估的基本原理和过程。本书将风险评估的原理和过程进一步概括为"由果及因，先外后内"，并将其用图5－2来描述。

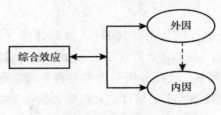

图5－2　风险评估示意

图5－2显示，对风险评估的过程，与图5－1所显示的风险形成的过程正好相反，是从结果追溯到原因、从分析外因到分析内因的过程。

以下各节中将分别论述风险评估的主要环节。

第二节　风险主体及其预期目标

本书所建立的新的风险理论，与传统风险管理理论有所不同，其源头在于本书首先明确了研究对象"风险"的行为主体，以风险主体及其特定预期目标为研究参照来定义风险。

在此前提下，本书以保险公司作为风险主体，研究其经营过程中面临的主要风险，尤其是非量化风险。

保险公司的经营目标，通常被概括描述为"做大做强"，具体包括市场地位和份额、盈利和持续稳健的盈利等。但是，不同市场中不同类型的保险公司，其具体目标会有差异，比如新开业公司与品牌公司在盈利目标上有不同的偏好。因此，为了研究保险公司的主要风险，必须具体地区分风险主体。

一、风险主体及其分类

本书选择研究我国保险市场上的财产保险公司，借鉴沈立、谢志刚（2013）研究中小财险公司与大型公司的风险差异时的方法，并根据中国保监会网站上公布的财产保险公司2013年原保费收入情况（见附录八），本书将我国保险市场上的财产保险公司分为四类：

第一类，大型保险公司（年保费收入大于 250 亿元）；

第二类，中型保险公司（年保费收入在 30 亿～250 亿元之间）；

第三类，小型中资公司（年保费收入小于 30 亿元）；

第四类，小型外资公司（年保费收入小于 30 亿元）。

如附录八所示，第一类大型财产保险公司包括五家，除排名第二的平安财险股份公司之外，另外四家都属于国有资产控股的公司。第二类中型财险公司数量较多，有 17 家，除了最近刚并股成立的"安盛天平"保险公司有外资成分之外，其余均为中资公司。第三类和第四类分别为中资小型公司和外资小型公司。

之所以要区分不同类型的保险公司，是因为不同资本属性和不同发展阶段的保险公司，其经营目标往往会有较大的差异，而本书中提出的风险理论及其研究方法，又是以这些保险公司的预期经营目标为参照的。任何关于某一类风险的研究结论，并不是适应于所有类型的保险公司。这也是本书研究的创新之处及其价值所在。

当然，对风险主体的任何分类都存在一定的局限性，最好是对各公司逐一进行研究，因为即使是对第一类大型财险公司来说，虽然只有五家公司，但其中的平安财险与其他四家公司的经营目标也是有所不同的，这可能与其资本构成或高管的任命方法等因素有关。但本书研究强调的是研究方法，强调的是理论创新，在此意义下，一类公司和一家公司没有本质的差别。

二、保险公司的经营目标

按照本书中提出的风险理论，要识别保险公司的各种风险，必须以保险公司的各类预期目标作为参照，否则就无法明确的界定风险。

但是，对此问题，现有文献很少有明确结论，即保险公司的经营目标究竟是什么，如何明确进行表述的问题，答案并不统一。

对于普通企业而言，西方经济学中常常将其经营目标描述为"为公司（股东）创造最大财富或价值"。但保险公司的资本构成和经营模式决定了其必须保护保险客户的利益以及承担一定的社会责任。从资本的角度说，公司的控股公司或主要股东所投入的资本在保险公司的资产构成或者可运用资金中的占比很小，管理者所经营的保险资金主要来自客户缴纳的保费，是公司的负债。因此，保险公司所创造的财富需要在公司投资者、客户和经营管理者之间进行平衡，不能简单地将保险公司当作普通商业企业，以为投资者创造财富或实现价值最大化作为单一的经营目标，而需要考虑"安全经营"、"持续地为公司、为各个利益方创造最大财富或价值"。

第三章中已经提过，在笔者查询的所有文献资料中，澳大利亚精算学会出版的教材（Actuarial Practice of General Insurance, 7th edition 2007）对保险公司经营目标的描述比较清晰，该文献将保险公司的经营目标分解为：

（1）"运营目标"（Operational objective），包括盈利（profit）、市场份额（market share）、市场地位（market position）；

（2）"安全目标"（Security objective），包括准备金（reserves）、再保险（re-insurance）、投资（investment）、偿付能力（solvency）等。

上述文献中的表述是对保险公司经营目标的一般概述，与本书中曾经提及的更为简明的"做大做强"的经营目标是一样的道理。但需要注意的是，不同市场环境下、经营不同业务类型、处于不同发展时期的保险公司，其目标是有差异的。例如，刚进入中国市场的外资财产公司与新成立的民营保险公司，一般都不会在开业前三年追求盈利，而是更多地追求完成公司的组织和运作模式，占据一定的市场份额。而对于大型保险公司来说，尤其是已经完成股份制改造和已经上市的保险公司来说，保持公司的盈利非常重要。

总之，笔者认为，研究如何评估保险公司的风险，必须区分不同的主体类型及其预期目标。形式上，风险评估的步骤可以用表5-2来描述。

表5-2　　　　　　　区分风险主体下的风险评估内容

风险主体	第一类公司	第二类公司	第三类公司	第四类公司	
具体评估的风险项目：（承保风险、投资风险战略风险等）					
外部导因	1				交互作用
	2				
	……				
内部导因	1				
	2				
	……				

第三节　综合效应的分析和评价

在传统的风险管理理论中，综合效应的分析和评价是普遍被关注的对象。但是，传统风险管理方法忽视了风险评估的其他内容，即前文中指出的风险主体、内部导因、外部导因及导因之间的交互作用，所以导致对综合效应的评价存在一定偏差。

而本书中建立的风险理论框架首先明确了风险主体及其预期目标，既然不同类型保险公司的具体目标有所差异，那么，相对应地，综合效应也必然会有差异，用某一个具体指标衡量所有公司的综合效应显然是不合适的。

例如，通常被用作衡量保险公司经营业绩的"综合成本率"，按照《保险公司偿付能力额度及监管指标管理规定》中的规定，"本指标值的正常范围为小于103％。"但是"103％"的值是如何计算出来的？这是否适用于中国保险市场上的所有保险公司，或者对于不同保险公司是否应该采用不同的数值？值得关注的是，2008 年这份文件即被废止，取而代之的《保险公司偿付能力管理规定》中并没有提及综合成本率具体的范围，或许这正是保监会认识到这一问题后的相应举措。

从本书的思考角度来分析，风险是分层面的，所以风险的综合效应也是分层面的，按照不同层面的风险，相应的分析和评价风险的综合效应，才能得到更可靠的结果。

一、综合效应的分析

如果将保险公司的主要目标概括为"做大做强"，那么，严重偏离这一主要目标的风险就是保险公司的主要风险，典型的一种综合效应就是发生严重财务危机或者发生破产倒闭。

按照"从结果追溯原因"的分析思路，应该寻找这一综合效应的各种可能导因，在这里，由于风险是分层次的，所以综合效应也必然是分层次的。

第一层面：公司的经营结果，这对应着公司的总体经营目标。如果将公司的经营目标概括为"做大做强"，那么与此相对应，一种风险的综合效应可以认为是"未来 1～3 年内发生严重财务危机或破产倒闭"。但是，正如上一节中所分析的，不同保险公司的经营目标不同，因此，必须区别对待，分别进行分析。

第二层面：主要业务经营结果，这个结果与主要业务的经营目标相对应。传统上，保险公司的业务主要可以分为保险业务和投资业务，对风险的认识也都主要集中在保险业务和投资业务上。承保业务所导致危机的例子，如英国车辆通用保险公司由于盲目扩张保险业务，而未及时补充资本金，才陷入资不抵债的偿付能力危机，还有第六章将会详细介绍的中华联合保险公司的案例。投资业务导致危机的例子，如平安保险曾于2007年11月以18.1亿欧元购入荷兰/比利时富通集团的9501万股股份，成为富通集团第一大股东，然而在强行并购荷兰银行和金融危机的双重打击下，富通集团轰然倒塌，平安也为此项投资业务计提减值准备227.90亿元。

除了保险业务和投资业务之外，目前越来越多的保险公司更倾向于向其他金融机构发展，建立综合性金融服务集团，由此带来的风险更应该被重视。关于金融运作导致保险公司严重财务危机的例子，比较典型的是第七章将会详细介绍的澳大利亚HIH保险集团公司破产案例。国内比较近似的例子是新华人寿。新华人寿前董事长关国亮在任期间，不断向其名下的关联公司拆解巨额资金，累计挪用130亿元人民币，从事房地产交易以及长期股权投资，直接导致了新华人寿2006年出现偿付能力危机。

第三层面：具体业务经营结果，与之相对应的是具体业务的经营和管理目标。第二个层面中的主要业务可以划分为一系列具体的业务，并进一步剖析，例如，保险业务包含财产保险业务、人身保险业务、责任保险业务等，投资业务包含存款业务、股票、债券等，金融运作又包含兼并、收购、股权交易等等。当然，每一个子类还可以继续细分，随着不断的细分，预期目标会越来越清晰，偏离预期目标的综合效应也能识别得越来越清楚。具体如图5-3所示。

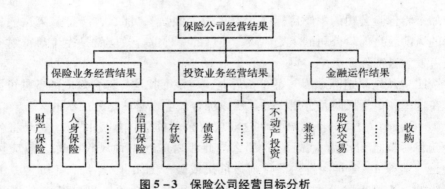

图5-3　保险公司经营目标分析

如果采用记号来表述以上的关系：第一层保险公司的经营结果记作 X，第二层保险业务的经营结果为 x_1，投资业务的经营结果为 x_2，金融运作结果为 x_3。第三层的具体业务中，属于保险业务的分别记作 x_{11}，x_{12}，…，x_{1i}，属于投资业务的分别记作 x_{21}，x_{22}，…，x_{2j}，属于金融运作的分别记作 x_{31}，x_{32}，…，x_{3k}，那么有：

$$X = x_1 + x_2 + x_3 = \sum_{m=1}^{i} x_{1m} + \sum_{n=1}^{j} x_{2n} + \sum_{l=1}^{k} x_{3l}$$

需要说明的是，以上公式里的"＋"，并不代表保险业务、投资业务和金融运作的线性相加，而是表示三项业务的叠加；公式中的"$\sum_{m=1}^{i} x_{1m}$"，代表保险业务由 i 个具体业务构成，但并不表示 i 个业务的线性相加，具体的保险业务之间存在一定的相关性。

二、综合效应的评价

按照上文的分析思路，已经能够清楚地识别以某一保险公司为风险主体的不同层面风险的综合效应，按照传统风险管理的思路和方法，对每一个层面风险的综合效应，都可以寻找一些评价指标。

对第一个层面风险的综合效应，衡量的标准就是出现"严重的财务危机或破产倒闭"，但是，如果出现这一结果，就已经造成了非常严重的影响。风险管理和监管的目的正是要防范这种风险，所以必须从源头来识别、评估和管控。

对第二个层面风险的综合效应，存在更多具体的并且具有一定操作性的评价指标。国际上通常采用的评价方法有比率分析（Ratio Analysis）、多元回归模型（Multiple Regression Models）、多元判别分析（Multiple Discriminate Analysis, MDA）和神经网络（Neural Networks）等。

（一）比率分析（Ratio Analysis）

这是最简单也最常用的一种方法。大多数国家的监管者都会尝试采用这种方法来评价保险公司的风险状况。例如，美国监督官协会（National Association of Insurance Commissioners，NAIC）在 20 世纪 90 年代后期实施风险资本报告（RBC）之前，一直是采用保险监管信息系统指标（Insurance Regulatory Information System，IRIS）及其偿付能力财务分析方法（Financial Analysis Solvency Tools，FAST）监管保险公司的偿付能力，属于典型的比率分析方法，在 IRIS 中，需要计算 15 个左右的比率指标，如果保险公司有 4 个比率超出可接受的范围，那么这家保险公司就会被筛选出来，进而采用 FAST 指标作更为深入的分析研究。

（二）多元回归模型（Multiple Regression Models）和多元判别分析（Multiple Discriminate Analysis，MDA）

这两种方法是相关的。在两种方法中，统计模型和历史数据是基本要素。有效的多元回归结果或多元判别分析结果首先要满足两个基本条件：第一，历史数据充分并可靠；第二，统计模型的选择与数据特征相匹配。多元回归或多元判别分析的基本原理是通过输入某家公司的指标数据，通过运算得到公司破产概率的预期结果。

奥特曼—Z计分模型（Altman z-scores）就是基于多元判别分析法发展起来的一种预测信用风险的模型。Z计分模型以财务指标为计算基础，通过加权汇总来预测公司的财务危机，Z值越大，公司财务状况越好，反之，Z值越小，公司财务状况越差。

（三）神经网络（Neural Networks）

1994年，得克萨斯州大学（University of Texas）和北美精算师协会SOA（Society of Actuaries）合作，首次将神经网络技术运用于预测保险公司的破产水平。研究表明，在预测保险公司破产的问题上，运用神经网络是最理想的一种方法，即使是使用最简单的神经网络，也比使用比率分析法和MDA法好。

比较而言，比率法最为直观，可操作性强，主观性相对较弱，其被各国监管机构借鉴和采纳得较多。我国保监会《保险公司偿付能力额度及监管指标管理办法》中的"监管指标"部分，就是借鉴的美国NAIC的IRIS指标，属于比率分析（Ratio Analysis）方法。当然，这份于2008年被废止的重要文件中，将美国的IRIS指标体系与欧盟的偿付能力额度（SM）指标拼凑在一个文件中，貌似欧、美都借鉴了，实际则相互矛盾、逻辑不通。这里不再赘述。

而笔者认为，比率分析法确实有可取之处。除了上面提及的优点外，再补充两点本书研究需要借鉴的：其一，有些比率确实可以直观反映风险的综合效应；其二，IRIS与FAST的配套使用，即先用IRIS筛选出少数重点公司，再采用FAST作深入分析。我们则可以反过来做，先通过各种渠道识别和确认风险的导因，包括外部导因和内部导因，然后再通过专家咨询等手段从中挑选出需要重点研究的因素。尤其是对外因与内因的交织作用（interaction）过程，10项外因和10项内因的合成，将产生100种不同效应情况，分析量会非常大。也需要采用特殊方法从中挑选出一些关键情形作重点研究。

参考保险公司偿付能力管理办法以及金融行业相关管理规定，可以总结出衡量保险业务和投资业务的指标，表5-3中罗列了一些指标。

表5-3   保险业务和投资业务风险综合效应的评价指标

	指标名称	计算公式
保险业务	保费增长率	（本年保费收入－上年保费收入）÷上年保费收入×100%
	自留保费增长率	（本年自留保费－上年自留保费）÷上年自留保费×100% 其中，自留保费＝保费收入＋分保费收入－分出保费
	毛保费规模率	（保费收入＋分保费收入）÷（认可资产－认可负债）×100%
	实际偿付能力额度变化率	（本年实际偿付能力额度－上年实际偿付能力额度）÷上年实际偿付能力额度×100% 其中，实际偿付能力额度＝认可资产－认可负债
	综合成本率	费用率＋赔付率 其中，费用率＝［营业费用（减摊回分保费用）＋手续费（含佣金）支出＋分保费用支出＋营业税金及附加＋保险保障基金］÷自留保费×100% 赔付率＝［赔款支出（减摊回赔款支出）＋分保赔款支出＋未决赔款准备金提转差－追偿款收入］÷（自留保费－未到期责任准备金提转差－长期财产险责任准备金提转差）×100%
投资业务	投资收益率	年平均利润总额/投资总额×100% 其中，年平均利润总额＝年均产品收入－年均总成本－年均销售税金及附加
	资金运用收益率	资金运用净收益÷本年现金和投资资产平均余额×100% 其中，资金运用净收益＝投资收益＋利息收入＋买入返售证券收入＋冲减短期投资成本的分红收入－利息支出－卖出回购证券支出－投资减值准备
	融资风险率	卖出回购证券÷（实收资本＋公积金）×100%

通过以上分析，可以得出的初步结论是，无论是在国际上还是在中国，对综合效应的评价都集中于对财务指标的计算，究其本质，都是对结果的评估，却忽略了对风险导因的识别和评估，正所谓"舍本求末"。

根据本书中建立的风险理论，风险的导因，包括导因之间的相互作用，才是风险管理和监管工作中更加需要关注的问题。

第二层面还有一个重要的业务类型就是金融运作。对于保险公司的金融运作，诸如兼并、收购或拓展其他金融业务等，并没有简单的指标可以用于评估。例如，对兼并业务的评估，首先是要确定兼并是否成功，至于兼并是否能够给保险公司带来利润和效益，则需要在兼并成功后的几年内，通过公司利润等指标进一步判断。

至于第三层次的评价指标，则更加详细，本书不再赘述，关键是强调监管和管理风险的新思路。

第四节　风险外部导因的识别和确认
——专家调查法

对风险导因的识别和确认是风险评估中一项非常重要的内容，也是在传统风险评估中被忽视的部分。本书研究的一大创新就是尝试识别和确认风险的导因，包括外部导因和内部导因，这是"由果及因"风险评估法的核心所在。

实际上，本章的第四、五、六节都在讨论风险的形成原因，本节先讨论风险外部导因的识别和确认，下一节讨论风险内部导因的识别和确认，然后再综合分析风险外因和内因的交互作用。

前文分析中已经了解到，风险的导因往往是难以量化的，是无法用公式和模型进行衡量的。因此，依靠经验的"专家调查法"非常重要。

实施专家调查法时，需要注意以下两点：

第一，以保险公司为风险主体，如果盲目去咨询业界的专家，询问导致保险公司破产的原因，可能会得到五花八门的答案，缺乏指导意义。所以有必要建立一套"标准化"的程序，帮助保险公司识别和确认风险的导因。

第二，在进行专家调查时，要注意区分风险的主体，这是后续所有工作的前提和基础。正如前文中分析的那样，应该按保险公司的规模进行分类，明确属于哪一类型的保险公司，不同规模的保险公司经营目标不同，风险的外部导因和内部导因也不同。

一、获得原始数据——罗列外部导因

首先，保险公司需要罗列尽可能多的风险导因，这是一个获得原始数据的过程，罗列导因时可以征求外部专家的意见，也可以征求公司内部精算师或风险管理部门人员的意见。

需要注意的是，对于保险公司风险的外部导因，应该分为宏观层面的导因和行业层面的导因两大部分。不同层面的风险导因并不相同，区别开来有利于对导因的识别和确认。

作为示例，笔者以"未来1~3年内发生严重财务危机或破产倒闭"这一典型风险为例，将可能导致这一综合效应的外部导因罗列如表5-4所示。

表 5-4 罗列外部导因

层面	编号	风险外部导因
宏观层面	HG1	房地产泡沫破灭
	HG2	银行利率飙升
	HG3	人民币进入贬值期
	HC4	理赔通货膨胀严重
	HG5	雇员工资和管理成本通货膨胀
	HG6	国有资本、外资和民资无法公平竞争
	HG7	政府实行"国进民退"政策
	HG8	战争
	HG9	内乱
	HG10	天灾
	HG11	互联网金融取代传统金融
行业层面	HY1	费率市场化导致的价格恶性竞争
	HY2	"管住后端,放开前段"的监管理念只落实后一半
	HY3	市场主体大量增加
	HY4	高管与普通员工的薪资差距大幅增加,公司缺乏凝聚力
	HY5	监管政策不公平
	HY6	监管规定不科学、不合理
	HY7	监管缺失、监管不落实
	HY8	新兴营销渠道

表 5-4 中罗列的外部导因主要来自以下三个渠道:

第一,研究已发生的破产保险公司案例,例如澳大利亚 HIH 破产案、美国 AIG 接管案等,总结导致保险公司破产的宏观导因和行业导因。例如,在表 5-4 中,房地产泡沫破灭（HG1）就是 AIG 案例中反映出来的宏观层面的风险外因。

第二,研究破产案例的汇总报告,例如 Sharma 报告、Massey 报告、KPMG 报告、Müller 报告等,提炼其中宏观层面和行业层面的破产原因。例如,天灾（HG10）这一外因,在很多报告中都出现过,在 Sharma 报告的因果链分析图中,天灾或巨灾就是一类导致风险的外部触发因素,在 Massey 报告中也提到了这一风险,并通过案例调查指出这是导致保险公司的第四大风险因素。

第三,通过咨询和访谈业内知名专家和学者,采用头脑风暴或圆桌会议的模式获得可能导致保险破产的宏观层面原因和行业层面原因。这种方法更加具有时效性,因为在调查时专家和学者总是会结合当下外部情况进行考虑,例如,表 5-4 中的银行利率飙升（HG2）、"管住后端,放开前段"的监管理念只落实后一半（HY2）等风险因素都是专家结果中国情况提供的。

二、数据调整——随机排列风险导因

上一步骤中获得的风险导因的排序带有强烈的主观性，最先被罗列的因素往往是最容易想到的因素，也往往是影响最大、最受到关注的因素。而这种"先入为主"的行为很容易成为科学理论进一步发展的障碍，如果将这样排序的导因用来做专家问卷调查，很可能对后续工作造成误导，从而影响识别和确认风险外部导因的精准程度。

所以，在进行专家调查之前，一项重要工作就是将原有的风险导因排列顺序打乱。本书中借助 EXCEL 来完成这一工作，得到一组随机排序的风险外部导因数据。

在 EXCEL 中实现随机排序可以分为以下三个步骤：

第一步，将表 5－5 中罗列的风险外部导因输入 EXCEL 表格中，形成一列，并在其左侧加入序号列；

第二步，在外因列左侧增加一列，采用随机函数 RAND（）产生一列与外部导因数量相同的随机数；

第三步，选中随机列中的某一单元格，使用工具栏中的排序功能，采用"扩展选定区域"的方式将序号列、外因列及随机数列全部进行随机排列。

例如，对于宏观层面的风险，通过以上步骤的处理，原来的序号就会被随机打乱，如图 5－4 所示。

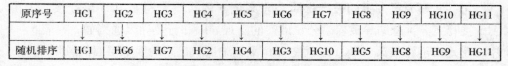

原序号	HG1	HG2	HG3	HG4	HG5	HG6	HG7	HG8	HG9	HG10	HG11
	↓	↓	↓	↓	↓	↓	↓	↓	↓	↓	↓
随机排序	HG1	HG6	HG7	HG2	HG4	HG3	HG10	HG5	HG8	HG9	HG11

图 5－4　EXCEL 随机排序结果

三、专家调查——确认最重要的风险外因

确认导致某一风险的最重要的外因，可以通过问卷的形式咨询外部专家。由外部专家确认风险外因的过程可以分为三步：

第一步，明确区分公司类型和公司主营业务，充分考虑同一风险在不同类型公司中的影响程度，以及某类公司或特殊业务中的特别风险状况；

第二步，对随机列出的风险外因进行打分；

第三步，选择得分最高的五项外部导因。

具体如表5-5所示。

表5-5　　　　　　　　　　确认最重要的风险外因

风险	未来1~3年内发生严重财务危机或破产倒闭			
风险主体	大型国有控股□	中型股份公司□	小型中资公司□	小型外资公司□
请您对内部导因的可能选项进行打分	编号	已汇集并经过随机排序的选项		打分（0~100分）
	宏观层面	HG1	房地产泡沫破灭	
		HG2	国有资本、外资和民资无法公平竞争	
		HG3	政府实行"国进民退"政策	
		HG4	银行利率飙升	
		HG5	理赔通货膨胀严重	
		HG6	人民币进入贬值期	
		HG7	天灾	
		HG8	雇员工资和管理成本通货膨胀	
		HG9	战争	
		HG10	内乱	
		HG11	互联网金融取代传统金融	
	行业层面	HY1	监管政策不公平	
		HY2	监管缺失、监管不落实	
		HY3	市场主体大量增加	
		HY4	监管规定不科学、不合理	
		HY5	新兴营销渠道	
		HY6	高管与普通员工的薪资差距大幅增加，公司缺乏凝聚力	
		HY7	"管住后端，放开前端"的监管理念只落实后一半	
		HY8	费率市场化导致的价格恶性竞争	
	根据打分经过选出的前5项风险外部导因			
外部导因	1			
	2			
	3			
	4			
	5			

通过以上步骤已经识别和确认出风险的外部导因，接下来将采用类似的方法，识别和确认风险的内部导因。

第五节 风险内部导因的识别和确认
——专家调查法

与风险外部导因相对应的，是风险的内部导因。除了"由果及因"外，本书中建立的风险评估方法还有一个重要的原则，就是"先外后内"。所谓先外后内，就是要体现"风险外因通过风险内因起作用"这一过程。内因，是风险主体的主观行为，换句话说，在对风险内因进行识别时，保险公司内部的董事长、管理人员、业务人员都是要关注的对象，他们的素质、决策和行为将影响外部导因发挥作用的程度，这在保险公司的风险管理过程中非常重要。

在分析风险的外部导因时，将外部导因分作宏观层面和行业层面。与之相似，在分析风险内部导因时，可以将保险公司内部人员分为高层管理者、中层管理者、业务层管理者三个层次分别讨论。

在具体操作时，还是延续分析外部导因的方法和流程，首先获得原始数据，其次处理数据，最后问卷调查征求专家意见。

一、获得原始数据——罗列内部导因

仍然针对"未来1~3年内发生严重财务危机或破产倒闭"这一具体风险，列举导致风险的内部导因。

需要说明的是，划分公司内部人员所处的层面，是评估风险内部导因时的一个重要步骤。在前文分析风险的综合效应时已经提到，保险公司内部的风险可以分为公司层面、业务层面和具体业务层面，所以在评价综合效应时，也要相应地划分为三个层面。在评估风险的内部导因时，风险的内部导因是保险公司内部人员的主观行为，不同层面的目标不同，不同层面的风险不同，不同层面人员的行为和决策也不相同，因此，需要分别进行分析。以上关系可以用图5-5来解释。

风险层面	对应关系	人员分布层面
公司层面	←——→	高层
业务层面	←——→	中层
具体业务层面	←——→	业务层

图5-5 公司内部人员分布层面

其中，高层是指保险公司的战略管理层，即负责制定并主持实施战略的管理层，例如，董事会成员、首席执行官、总裁、副总裁等。

中层是指处于高层管理人员和基层人员之间的一个或若干个中间层次的管理人员，例如总公司部门经理、分公司总经理、地区经理等。

业务层则是指公司内部具体的操作人员。

按照以上对公司内部人员的分类，将获得的风险内部导因罗列于表5-6中。获得内部导因的途径仍然有三个：

表5-6　　　　　　　　　　罗列内部导因

层面	编号	风险内部导因
高层	GC1	股权结构不合理
	GC2	主要股东利益不一致
	GC3	董事长与总裁不合作
	GC4	主要股东用人不当
	GC5	主要高管不称职
	GC6	高层决策程序不合理
	GC7	高层决策没有效率
	GC8	高层轻承保重视金融运作
	GC9	高层盲目国际化
	GC10	大股东不想长期经营保险业务
	GC11	大股东利用自己其他子公司进行关联交易获取私利
	GC12	总裁和高管只注重短期利益
	GC13	高管道德风险
	GC14	高管假公济私、吃里爬外
	GC15	高管有派系，任人唯亲
	GC16	总精算师没有起到应有的作用
中层	ZC1	中层干部吃里爬外，做关联交易营私
	ZC2	中层人员教育素质低下
	ZC3	中层管理者与高管意见不一致
	ZC4	中层管理者盲目追求本公司利润量，忽视公司长远发展战略
	ZC5	精算负责人与公司管理人员关系密切，不独立
	ZC6	中层管理者隐瞒重要财务信息
	ZC7	中层管理者道德风险
	ZC8	中层管理者用人不当，唯亲唯派
	ZC9	中层管理者透露公司机密
业务层	YW1	业务人员普遍贪污和盗窃公司资源
	YW2	业务人员素质偏低
	YW3	业务人员流动性高
	YW4	业务人员不按照工作流程行事

第一，研究已发生的破产保险公司案例，例如，澳大利亚 HIH 公司破产案、美国 AIG 公司接管案、新华人寿接管案等，总结导致保险公司破产的内部导因。例如，主要高管不称职（GC5）就是 HIH 案例中暴露出来的一大风险因素，大股东关联交易（GC11）则是导致新华人寿被接管的最重要风险因素。

第二，研究破产案例的汇总报告，例如，Sharma 报告、Massey 报告、KPMG 报告、Müller 报告等，提炼其中内部导因。例如，主要高管不称职（GC5）就是在 Sharma 报告中提到的风险内部导因之一。

第三，通过咨询和访谈业内知名专家和学者，采用头脑风暴或圆桌会议的模式获得可能导致保险破产的内部导因。对内部导因的识别，更多的还是依赖专家和学者的经验总结，因为这里往往涉及更多更细致的风险因素，例如，高管假公济私、吃里爬外（GC14）以及业务人员流动性高（YW3）都是通过这个途径获得的风险内部导因。

二、数据调整——随机排列风险导因

为了消除列举风险因素时附带的主观因素，继续采用 EXCEL 将上述风险内部导因进行随机排列，随机排列的过程与上一节处理风险外部导因的方法类似，即：

第一步，分别将高层、中层、业务层中罗列的风险内部导因输入 EXCEL 表格中，形成一列，并在其左侧加如序号列；

第二步，分别在三个内因列左侧增加一列，采用随机函数 RAND（）生成一列与外部导因数量相同的随机数；

第三步，分别选中随机列中的某一单元格，使用工具栏中的排序功能，采用"扩展选定区域"的方式将序号列、内因列及随机数列全部进行随机排列。

三、专家调查——确认最重要的风险内因

确认某一风险的最重要内因，仍然通过问卷的形式咨询外部专家。在分析内部导因时，需要在考虑风险所处层面时考虑公司内部管理人员所处的层面，所以外部专家确认风险内因的过程需要分为三步：

第一步，明确区分公司类型和公司主营业务，充分考虑同一风险在不同类型公司中的影响程度，以及某类公司或特殊业务中的特别风险状况；

第二步，对随机列出的风险内因进行打分；

第三步，选择得分最高的五项内部导因。

具体如表5-7所示。

表5-7 确认最重要的风险内因

风险			未来1~3年内发生严重财务危机或破产倒闭			
风险主体		大型国有控股□	中型股份公司□	小型中资公司□	小型外资公司□	
请您对内部导因的可能选项进行打分		编号	已汇集并经过随机排序的选项		打分（0~100分）	
	高层	GC1	股权结构不合理			
		GC2	主要高管不称职			
		GC3	主要股东用人不当			
		GC4	主要股东利益不一致			
		GC5	高层盲目国际化			
		GC6	高管道德风险			
		GC7	总精算师没有起到应有的作用			
		GC8	大股东不想长期经营保险业务			
		GC9	高层决策没有效率			
		GC10	总裁和高管只注重短期利益			
		GC11	大股东利用自己其他子公司进行关联交易获取私利			
		GC12	高层决策程序不合理			
		GC13	董事长与总裁不合作			
		GC14	高层轻承保重视金融运作			
		GC15	高管有派系，任人唯亲			
		GC16	高管假公济私、吃里爬外			
	中层	ZC1	中层管理者盲目追求本公司利润量，忽视公司长远发展战略			
		ZC2	中层干部吃里爬外，做关联交易营私			
		ZC3	精算负责人与公司管理人员关系密切，不独立			
		ZC4	中层管理者道德风险			
		ZC5	中层管理者用人不当，唯亲唯派			
		ZC6	中层管理者与高管意见不一致			
		ZC7	中层管理者隐瞒重要财务信息			
		ZC8	中层人员教育素质低下			
		ZC9	中层管理者透露公司机密			
	业务层	YW1	业务人员流动性高			
		YW2	业务人员普遍贪污和盗窃公司资源			
		YW3	业务人员不按照工作流程行事			
		YW4	业务人员素质偏低			

续表

根据打分经过选出的前5项风险外部导因	
	1
	2
内部导因	3
	4
	5

第六节　外因与内因的交互作用分析

通过表5－6和表5－7的操作后，已经可以分别获得可能导致"未来1~3年内发生严重财务危机或破产倒闭"这个风险的5个最重要的外部导因和5个最重要的内部导因，接下来的工作是需要对外因和内因的交互作用进行分析，具体操作过程可以分为两大步，即初步分析和选择分析。

初步分析，是指对每一种外因和内因的交互情况进行分析，分析当特定的某个外因和特定的某个内因相遇时，会发生怎样的情况，会对保险公司造成怎样的可能后果。以本书的5个外因和5个内因为例，每一个外因和每一个内因交互就可能出现25种情况，需要一一进行分析。

选择分析，是对初步分析中的每一种交互作用结果，再进行选择，选择出最为显著的若干个交互作用结果，如选择5个。对于被选择出的5个显著的交互作用结果，就是保险公司应该重点管理的风险因素。

还可以补充一个扩展分析。如果完成了保险公司的分析，并获得大量真实、可靠的风险评估结果，可以考虑综合若干同类公司的评估结果，选择出这一类公司（大型、中型、小型中资、小型外资）的某个具体风险的显著外因、内因以及交互作用，作为这一类公司风险管理或监管工作的参考。注意，这里仅仅是作为参考，我们还是建议并强调每家公司根据本公司的情况进行风险评估，这才是最有效的途径。

一、初步分析——评估每一种交互情况

在进行初步分析时，本书中分为两种情况进行考虑，第一种情况是"固定内因，分析外因"；第二种情况是"固定外因，分析内因"。其中第一种情况是更为基础的分析过程，因而是本书分析的重点，在后续选择分析、综合分析，包括

后面两章的案例分析中都是主要以第一种情况为例，特此说明，后文中不再赘述。

（一）固定内因，分析外因

在考虑"固定内因"的情况时，为了更好地理解风险的形成机制，可以借助映射的概念来分析这一过程。

假设，一组风险外因 $S(s_1, s_2, s_3, s_4, s_5)$，一组内因 $F(f_1, f_2, f_3, f_4, f_5)$ 和一组综合效应 $X(x_1, x_2, x_3, x_4, x_5)$。对于任意一个风险内因 f_i，都可以认为是一个映射的法则，一组风险外因 S 经过某一个风险内因 f_i 的映射作用，得到一组风险综合效应 X，该过程可以由图 5-6 来表示。

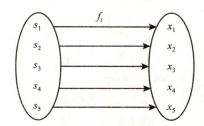

图 5-6 "固定内因，分析外因"过程分析

如果将 5 个内因分别进行考虑，那么整个分析过程可以罗列在一张表格中，如表 5-8 所示。

表 5-8   "固定内因，分析外因"的结果

	s_1	s_2	s_3	s_4	s_5
f_1	x_{11}	x_{12}	x_{13}	x_{14}	x_{15}
f_2	x_{21}	x_{22}	x_{23}	x_{24}	x_{25}
f_3	x_{31}	x_{32}	x_{33}	x_{34}	x_{35}
f_4	x_{41}	x_{42}	x_{43}	x_{44}	x_{45}
f_5	x_{51}	x_{52}	x_{53}	x_{54}	x_{55}

在表 5-8 表示的结果中，有些结果可能非常显著，会对保险公司造成严重影响，但不可否认，也有很多结果并不显著，甚至可能没有意义。但这并不代表做了无用功，如果保险公司或者监管部门能对每一种内、外因交互作用的结果都作出详细的分析，整个分析过程有助于更全面和完整地认识风险的形成机制，这个过程更加重要。当然，这个过程的分析结果也会对管理和监管风险带来非常积

极的指导意义。

举个例子。假如，外因 s_2 是监管缺失、监管不落实，内因 f_1 是大股东利用自己的权利与其他公司进行关联交易，在这种情况下的结果 x_{12} 可以这样理解，大股东的不法行为会给保险公司带来巨大的风险，但由于外部监管没有及时跟进，就会导致风险不断积累，愈演愈烈，当保险公司的财务漏洞大到无法弥补时，大到保险监管部门不得不管的时候，风险之大将很难想象。

新华人寿就是这种情况的经典案例。2007 年 5 月，保监会动用 16 亿元保险保障基金以弥补新华人寿巨大的财务漏洞，以每股 5.99 元的价格，分别购买隆鑫集团有限公司（10%）、海南格林岛投资有限公司（7.51%）、东方集团实业股份有限公司（5.02%）所持的新华人寿股权，共计 2.7 亿股。这也是保险保障基金自成立以来的首次运用。

正所谓"冰冻三尺，非一日之寒"，自从 1998 年新华人寿董事长关国亮上任以来，就不断挪用公司资金进行关联交易，最严重的一次是关国亮与马跃合谋于 2003 年 6 ~ 8 月，以马跃帮助新华人寿拉了一笔大额保险业务以及其实际经营的上海策衡投资咨询有限公司为新华人寿提供股票咨询等名义，获取了新华人寿资金人民币 300 万元。但是，这样的违法违规行为却一直没有被监管部门采取手段加以控制，直至 2006 年 3 月，中国保监会才开始着手调查新华人寿的资金运用问题，而此时，关国亮已经累计挪用公司资金 130 亿元。

这就是一个典型的内部高管关联交易、外部监管不落实的例子，在分析过程中意识到这种问题存在时，无论是保险公司内部，还是外部监管者，都应该迅速采取行动，从而达到从源头控制风险的目的，才不至于到风险发展到无法控制的地步时才进行控制。

当然，在以上罗列的内因和外因中，还有一些组合没有现实意义。例如，外因 s_1 是发生了天灾，例如，地震，飓风等，内因 f_1 是大股东利用自己其他公司进行关联交易。这种情况下，外因对内因的作用可能并不大，由此带来的结果 x_{11} 可能也并不明确。

（二）固定外因，分析内因

在讨论"固定外因"的情况时，更多的是考虑几种外因组合在一起的情况。为了更加清晰的说明，可以将外因集合（记作 $S(s_1, s_2, s_3, s_4, s_5)$）分为两个具有完备性质的子集合，即外因发生子集，表示为 s，和外因不发生子集，表示为 s'。虽然这种情况的分析过程不能与映射的原理相匹配，但是仍然可以借助类似的图形来说明这个问题，如图 5 - 7 所示。

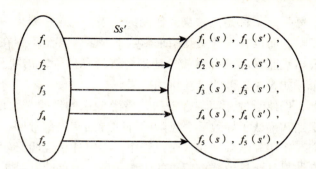

图5−7 "固定内因，分析外因"过程分析

将以上结果罗列为表格形式，如表5−9所示。

表5−9 　　　　　　　　"固定内因，分析外因"的结果

	S	s'
f_1	x_1	x'_1
f_2	x_2	x'_2
f_3	x_3	x'_3
f_4	x_4	x'_4
f_5	x_5	x'_5

假设有这样一种情况，$S = (s_1, s_2)$，$s' = (s_3, s_4, s_5)$，那么 $x_1 = f_1(s) = f_1(s_1, s_2)$，$x'_1 = f_1(s') = f_1(s_3, s_4, s_5)$。

"固定外因，分析内因"情况非常复杂，以本书5个外因5个内因为例，外因集合将包含30种本书所指的非空完备子集的组合情况，也就是说，每一个内因要对30种外因组合的情况进行分析，假设有5个内因，那么整个分析过程就有150种情况。

但是，在这150个情况中，有的组合情况会产生显著的后果，也有很多组合情况是不显著的，本书强调的思路，就是要对每一种风险的内因外因交互作用进行详细分析，才有可能实施有效的风险管理和监管工作。

二、选择分析——确认最重要的交互结果

（一）逻辑分析

在完成了交互作用的初步分析后，便可以得到一张类似于图5−8的交互作

用分析表，其中每一个 x_{ij} 都是一种交互作用的结果，在这些结果中，必然有一些是会造成显著影响，而也有一些交互结果影响不显著，甚至不存在。因此，为了能够帮助保险公司或监管部门有的放矢地进行管理和监管，需要从这 25 种情况中选择出若干个，如 5 个显著的交互作用后果。

具体操作上，仍然通过专家调查方法，借助专家的经验。在前面的步骤中，专家已经分别识别和确认了导致某个风险的外部导因和内部导因，并逐一分析了外因和内因的交互作用和结果。在这个过程中，专家凭借经验必然会得到一些认识，即哪些交互结果是会导致严重后果的主要矛盾，哪些交互结果是相对不太重要的次要矛盾。

将这些评价通过打分的形式表述出来，并最终选择出 5 个最为显著的交互作用结果，这就是保险公司需要重点管理，也是保监会需要重点监管的风险。

这个过程可以表达为图 5 - 8。

效应	打分	效应	打分	效应	打分	效应	打分	效应	打分
x_{11}		x_{12}		x_{13}		x_{14}		x_{15}	
x_{21}		x_{22}		x_{23}		x_{24}		x_{25}	
x_{31}		x_{32}		x_{33}		x_{34}		x_{35}	
x_{41}		x_{42}		x_{43}		x_{44}		x_{45}	
x_{51}		x_{52}		x_{53}		x_{54}		x_{55}	

图 5 - 8　选择 5 项显著的交互作用结果

需要特别说明的一点是，通过以上所有评估流程得到的结果，是 5 种内外因交互作用的结果，这 5 种结果中的任意一个也是一种独立的风险。回顾我们的初衷，是在评估"未来 1 ~ 3 年内发生严重财务危机或破产倒闭"，这个风险记作 O_1，经过一系列"由果及因、由外到内"的分析后，最后得到了 5 个导致 O_1 的子风险，分别记作 O_{11}，O_{12}，O_{13}，O_{14}，O_{15}。

一方面，这 5 个风险中的每一个或者某几个的组合都是可能导致 O_1 的因素，管理和监管它们，就是一个实践"从源头管控风险"的过程。

另一方面，以 O_{11}（或 O_{12}，O_{13}，O_{14}，O_{15}）为研究的目标风险，这些都是比 O_1 更具体的一些风险，再进行一次"由果及因"的评估，最终结果是得到一些更为细致的可能导致 O_{11} 的风险因素，例如 O_{111}，O_{112}，O_{113}，O_{114}，O_{115}，而这些风险又更加具体，也更加容易管控。如此反复，就会达到一个"从源头管控风险"的终极理想效果。具体如图 5 - 9 所示。

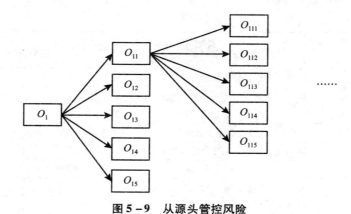

图5-9 从源头管控风险

(二) 风险导因评估表

通过以上对风险内外因交互作用的分析和选择，结合前文中对风险主体、综合效应、外部导因和内部导因的分析，设计出一张完整的风险评估打分表，即表5-10，请业内知名专家协助完成。

表5-10   **"由果及因"风险评估表**

风险		未来1~3年内发生严重财务危机或破产倒闭		
风险主体		大型国有控股/中型股份公司/小型中资公司/小型外资公司		
第一步，请您对外部导因和内部导因的可能选项进行打分				
	编号		已汇集并经过随机排序的选项	打分（0~100分）
外部导因	宏观层面	HG1	房地产泡沫破灭	
		HG2	国有资本、外资和民资无法公平竞争	
		HG3	政府实行"国进民退"政策	
		HG4	银行利率飙升	
		HG5	理赔通货膨胀严重	
		HG6	人民币进入贬值期	
		HG7	天灾	
		HG8	雇员工资和管理成本通货膨胀	
		HG9	战争	
		HG10	内乱	
		HG11	互联网金融取代传统金融	
	行业层面	HY1	监管政策不公平	
		HY2	监管缺失、监管不落实	
		HY3	市场主体大量增加	

	编号		已汇集并经过随机排序的选项	打分（0～100分）
外部导因	行业层面	HY4	监管规定不科学、不合理	
		HY5	新兴营销渠道	
		HY6	高管与普通员工的薪资差距大幅增加，公司缺乏凝聚力	
		HY7	"管住后端，放开前段"的监管理念只落实后一半	
		HY8	费率市场化导致的价格恶性竞争	
内部导因	公司高层	GC1	股权结构不合理	
		GC2	主要高管不称职	
		GC3	主要股东用人不当	
		GC4	主要股东利益不一致	
		GC5	高层盲目国际化	
		GC6	高管道德风险	
		GC7	总精算师没有起到应有的作用	
		GC8	大股东不想长期经营保险业务	
		GC9	高层决策没有效率	
		GC10	总裁和高管只注重短期利益	
		GC11	大股东利用自己其他子公司进行关联交易获取私利	
		GC12	高层决策程序不合理	
		GC13	董事长与总裁不合作	
		GC14	高层轻承保重视金融运作	
		GC15	高管有派系，任人唯亲	
		GC16	高管假公济私、吃里爬外	
	公司中层	ZC1	中层管理者盲目追求本公司利润量，忽视公司长远发展战略	
		ZC2	中层干部吃里爬外，做关联交易营私	
		ZC3	精算负责人与公司管理人员关系密切，不独立	
		ZC4	中层管理者道德风险	
		ZC5	中层管理者用人不当，唯亲唯派	
		ZC6	中层管理者与高管意见不一致	
		ZC7	中层管理者隐瞒重要财务信息	
		ZC8	中层人员教育素质低下	
		ZC9	中层管理者透露公司机密	
	业务层	YW1	业务人员流动性高	
		YW2	业务人员普遍贪污和盗窃公司资源	
		YW3	业务人员不按照工作流程行事	
		YW4	业务人员素质偏低	

续表

	第二步，请您根据打分经过选出的前5项风险外部导因和前5项风险内部导因		
	编号	具体风险导因	
外部导因	s_1		
	s_2		
	s_3		
	s_4		
	s_5		
内部导因	f_1		
	f_2		
	f_3		
	f_4		
	f_5		

第三步，请您分析每一种交互作用结果，并对其显著程度进行打分（0~100）				
	S_1	S_2	S_3	S_4	S_5
f_1				
f_2				
f_3				
f_4				
f_5				

第四步，请您选择5个最明显的交互作用，并进行简要评论
1
2
3
4
5
备注

对这份打分表，有以下几点补充说明：

第一，这份打分表中包含风险主体、风险综合效应、外部导因、内部导因以及外部导因和内部导因的交互作用，体现了风险的完整内涵，也有助于解释风险的潜在影响和形成规律。

第二，这份打分表中体现"由果及因、先外后内"的风险评估原理和过程，首先，明确风险主体及其预期目标，其次，确定评估的目标风险（综合效应），再次，依次识别和确认风险的外因和内因，最后，综合分析外因与内因相互作用的过程，从而找到影响风险的新的风险要素。整个过程可以描述为图5-10。

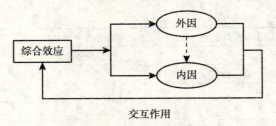

图 5 - 10 外因、内因交互作用过程

三、扩展分析

以上过程完成了对某家特定公司某种特殊风险的评估过程。如果将以上的分析过程再进行一些扩展，那么就可能得到一些具有参考价值和指导意义的结论。这样的扩展分析可以分为两大类。

第一类，对一家公司的若干风险进行风险评估，建立一本风险评估手册。在建立这样一本风险评估手册的过程中，可以从一些影响巨大的风险开始，例如，"未来1～3年内发生破产倒闭"，每一次风险评估的过程都会将风险小型化、具体化，就像是图5-9表述的过程。通过一系列缜密的评估，就可以建立起一套公司内部完整的风险评估手册，这是一项非常有价值的工作。

第二类，是对某一类保险公司的同一个风险的导因进行汇总，寻找出这类公司中可能导致这种风险的主要导因。前文中已经分析过，中国保险市场上的保险公司种类繁多，规模大小不尽相同，需要进行适当的分类进行讨论，以产险公司为例，可以分为大型、中型、小型中资和小型外资四种类型。以中型保险公司为例，如果有若干家保险公司都对"未来1～3年内发生破产倒闭"这一风险进行过"由果及因"的风险评估，那么把这些公司评估的结果汇总起来，就可以寻找到若干个（比如5个）属于中型保险公司的、导致这一风险的重要外因、重要内因和重要交互结果。这样的结果对所有中型公司是有指导意义的。

操作过程实际上是一个定性资料的汇总提炼过程，可以采用当下一些流行的定性资料分析软件来协助完成，例如，NVivo10.0，等。

本 章 小 结

本章是全书研究的最初出发点，也是期望达到的重要结论之一，即建立一套评估非量化风险的理论和体系。

　　本书研究建立的新的风险理论，之所以"新"，关键在于与传统风险理论的以下几点区别。

　　首先，传统风险理论中，往往忽视风险的主体以及主体的预期目标，本书明确将这一要素包含在新的风险理论中，在具体的分析中，以财产保险公司为例，按照保费收入，可以将中国保险市场上的保险公司分为四大类别，不同公司主体的经营目标并不相同，需要在评估风险时考虑进行。

　　其次，传统风险理论中只关注风险的综合效应，而本研究不仅关注风险的综合效应，更关注风险形成的导因，包括外部导因和内部导因。在识别和确认风险的外部导因和内部导因时，采用"专家调查法"，借助业内专家的经验，首先罗列一系列可能的风险外因和风险内因，再通过随机排序消除罗列过程中包含的主观因素，最后请专家评分并选取若干个（本章举例为5个）最重要的可能导致某类风险的外部导因和内部导因。

　　最后，传统风险理论对风险的定义是一个静态概念，但风险本身是一个动态的过程，本书研究考虑到这一要素，将内外因相互作用形成风险的机制也进行了详细的分析和讨论，具体分为"固定外因，分析内因"和"固定内因，分析外因"两种情况进行讨论。虽然分析内外因交互作用的过程非常复杂，但是这是一个认识风险的重要途径和过程，是有效管理和监管风险的必经之路。通过这样的分析之后，才可能选择出若干个（如5个）最重要的交互作用结果，作用保险公司和监管机构重点管理和监管的对象。

　　整套评估非量化风险的新方法，本书中称为"由果及因"法。

　　作为这种新的风险理论的应用，也是整个研究的思想总结，设计出用以风险评估的打分表。

第六章

案例应用研究一：中华联合保险公司

本章和第七章将"由果及因，先外后内"的风险评估方法应用于分析实际案例。具体分析两个案例，一是国内案例，二是国外案例，重点是国内案例。在本章里，根据所选案例的实际情况，分别按"向后看"和"向前看"两种视角、在两个不同的评估时点进行风险评估并进行对比分析，"向后看"是为了演示新的理论方法，"向前看"则是实际应用。

第一节 研 究 思 路

中华联合保险公司所发生的财务危机，在我国保险市场上并非绝无仅有，不仅过去有，现在有，将来也还会有，因此，研究如何对保险公司的风险进行评估并实行有效的预警和干预，是一件十分重要和紧迫的大事。

同时，我国保险市场实践中发生这样的案例，而且是具有典型和样本意义的危机案例，也说明现行的监管制度和风险管理模式有缺陷，需要进行研究和改进。而本书中对这一典型案例的研究和分析目的之一，就是要说明传统的风险管理理论和方法中的理论缺陷，其中之一就是"只重结果，不重导因"，所以本书提出"由果及因"的风险评估新方法。

怎么才能说明本书提出的理论方法是有用的呢？

以本案例为研究对象，我们分别采用"向后看"和"向前看"两种视角、在两个不同的评估时点对案例公司进行风险评估，并进行对比分析。"向后看"的意思是，案例公司在过去一些年里已经发生了严重的财务危机，那么我们现在可以对其过程复一次盘，看看如果用本书中提出的风险评估方法，站在公司或者外部监管者的角度，对风险的理解是不是会更好一些呢？对风险的预警效果是不是也可能更好一些呢？

如果我们感觉分析逻辑和方法都不错，那么，案例公司并没有破产，还在持续经营过程中，我们站在现在的时间点上看未来，分析一下公司未来一段时期内是否还会再度出现危机甚至是更大的危机呢？虽然现在还无法给出答案，但相信或者说希望这个分析过程和分析方法对当事人、对保险业界会有参考价值，这便是理论研究的价值所在了。

因此，我们要站在两个时间点来看案例公司的风险，一个是站在 2003 年这个时间点上，也就是案例公司正式变更注册、在全国铺开经营的那一年；另一个就是现在，也就是公司总部搬到北京、由东方资产管理和保险保障基金注资控股后的经营前景，然后进行对比。

步骤上，坚持采用"由果及因，先外后内"的思路。即先从结果出发，去寻找原因。对第一个评估时点来说，结果已经有了，即"发生了严重财务危机"或给国家造成了一百多亿元的"大窟窿"，通过分解结果的构成，进而探寻导致这一结果的外因和内因。对于第二个评估时点来说，就是假定未来会发生类似的结果，然后采用类似的方法，类似的分解，分析可能导致结果的外部导因和内部导因，从而未雨绸缪。

第二节　风险主体

中华联合保险公司的前身，是由财政部、农业部专项拨款，于 1986 年 7 月 15 日成立的"新疆生产建设兵团农牧业生产保险公司"，注册资本 1.542 亿元，属于国有独资、区域性的保险公司，经营业务包括财产险、农业险、人身险业务（短期人身险及寿险年金险的旧单保全业务）、再保险业务、资金运用及保监会批准的其他业务。2000 年 7 月，服从国家关于"分业经营、分业监管"的方针，经国务院和中国保监会批准，公司更名为"新疆兵团财产保险公司"，专门经营财产保险业务。

2001 年 11 月，在我国加入 WTO、全面开放保险市场的大背景下，公司提出"东进南扩"战略，由区域性公司变更为全国性保险公司，并获保险监管机构批准，于 2002 年 9 月 12 日更名为"中华联合财产保险公司"，注册资本增至 2 亿元人民币，仍属于国有独资公司，在全国拓展财产保险业务，很快发展为在全国 25 个省、市都设有分支机构的全国性保险公司。截止到 2004 年年底，公司机构户数 698 个，除总公司外，拥有二级分公司 31 家，中心支公司 67 家，支公司 177 家，营业部 12 家，营销服务部 411 家，年末从业人员 1.22 万人。

然而，公司的快速扩张并未伴随有相应的资本金补充，实际上，从 2003 年起，公司的偿付能力充足率始终低于监管标准，甚至处于资不抵债的状况。据估计，公司在 2008 年中期的财务窟窿已达到 66.2 亿元。

2009 年 3 月，中国保监会与新疆生产建设兵团共同组成"加强内控工作组"，并进驻中华联合，直接参与公司各项重大事务。

2009 年 4 月 10 日，掌舵中华联合近 12 年之久的孙月生被解除职务，并由张崇进（时任新疆生产建设兵团国资委副主任）出任中华联合董事长。

2009 年 5 月，新疆生产建设兵团正式将中华联合所有股权移交由保监会托管，加强内控小组拉开了全面接管中华联合的序幕。

2010 年 8 月，李迎春先生（时任"加强内控工作组"组长）正式履新中华联合董事长。

2010 年 12 月，中华联合保险公司将总部由新疆乌鲁木齐迁往北京。

2012 年 3 月 23 日，中国保险保障基金向中华联合保险公司注资 60 亿元，持股 91.49%，而原有股东仅持 2%，公司的注册资本由此前的 15 亿元变为 75 亿元。

2012 年 9 月初，东方资产管理有限公司以可转债的方式注资 78.1 亿元于中华保险，成为中华保险的第一控股股东。

2013 年，中华联合保险公司保费收入为 297.12 亿元，市场份额排名全国财产保险公司第四位。

总之，从 2002 年 9 月正式注册成立"中华联合保险公司"算起，原来投入的 2 亿元人民币资本金，变成了后来一百多亿元的"大窟窿"，给国家造成巨大经济损失。用于帮助其度过财务危机的 60 亿元保险保障基金至今无法退出。

第三节　评估综合效应

一、过去时点

按照第五章第三节介绍的关于风险综合效应的分析和评估方法，从现在回头看，案例公司重大财务风险的综合效应已经清楚，就是"被接管、换股东、总部搬迁到北京"。

按照第五章第三节图 5-3 所示的原理，导致保险公司发生这一结果的下级结果可能包括三项业务渠道：（1）承保业务；（2）投资业务；（3）金融业务。

从当时的情况看，中华联合保险公司的主要业务就是第一项承保业务，投资业务和金融业务都不显著。

投资业务方面，一是当时我国对保险公司资金运用的范围管制较严；二是公司地处新疆，投资管理人才也比较缺乏。保险公司的资金运用主要是国债和银行大额存款，投资收益普遍较低，通常就比银行定期存款利息高一个点左右。以案例公司 2004 年年报中披露的投资收益为例，投资收益仅为 961.84 万元，其中的利息收入占 576.23 万元。投资回报与投资风险相互关联，虽然收益低，但也没有给公司造成损失。

金融业务方面，从公司年报等公开披露信息中看不出案例公司有实质性的金融业务活动，唯一的一次是 2006 年，公司为了设法补充资本金。据《第一财经日报》记者俞燕 2006 年 6 月 13 日报道，中华联合日前下发的《员工持股实施办法》已获监管部门批准，公司员工通过设立"新疆华联投资有限责任公司"向中华联合保险公司投资 2.7 亿元，间接持股 18%。同时，通过设立控股公司持有中华联合保险的方式，引入其他股东（除新疆建设兵团持股 61% 之外，由新疆生产建设兵团国资委、乌鲁木齐国有资产经营有限公司等 17 家单位共持股 21%），使案例公司的注册资本增加至 15 亿元人民币。从公开资料看，这次金融业务对公司的影响是正面的。

如此一来，真正给公司带来伤害的业务渠道就是承保业务了。

对承保业务的风险评估，相对简单，现有文献和保险公司风险管理实践也都是围绕承保风险进行的，其基本原理和方法也相对简单，就是研究衡量承保结果，即"保费收入—赔款支出—费用支出"，或者说是比较"保费收入"与其"综合成本"之间的差距来衡量承保结果。

表 6-1 列出了案例公司从 2002~2006 年承保业务的部分主要基本数据。

表 6-1　　　　　　　　　**中华联合 2002~2006 年承保结果**

年度	保费收入	增长率（%）	资本（亿元）	赔付率（%）	费用率（%）	综合成本（%）
2002	6.28		2			
2003	19.10	204				
2004	65.53	243		51.17	51.13	102.30
2005	103.98	59		58.25	42.90	111.15
2006	150.57	45	15	63.57	42.26	105.83

表 6-1 中关于保费收入的数据显示，案例公司的业务高速增长，如果按照第五章第二节介绍的财务比率法（Ratio Analysis），并按照中国保监会原《保险公司偿付能力额度及监管指标管理规定》中关于保费收入增长率"正常范围"（-10%~60%），案例公司的承保收入增长过快、"很不正常"。

但笔者则认为，这项指标对我国保险业当时的实际情况来说，还需要加以斟酌。事实上，表 6 - 1 中的赔付率一栏显示，如果不考虑滞后因素，公司当年从客户收取的 100 元保费中，赔付给客户的只有 1/2 左右，这在全世界各地的保险市场上都是难得的，这么低的赔付率，为什么不乘机多做业务呢？问题出在费用成本上，如此之高的费用成本率，在全世界也恐怕是绝无仅有的。而费用成本在很大程度上反映了公司的管理水平和控制能力。

综上分析，从风险的综合效应的分析和评估看，主要是承保业务导致了案例公司的财务危机。但是，如果从承保结果来评估案例公司的财务危机或风险，则似乎没有意义，重要的是分析是什么原因导致了承保结果不好。

二、现在时点

对比分析将来的情况，可以看得更为清楚。

现在的时点是，案例公司已经换了控股股东，注入了相对充裕的资本并将公司总部搬到了北京。现在再来分析公司未来一段时期（如 3 年内）发生类似重大财务危机的风险。

如果我们仅仅依靠案例公司的披露的信息、如财务报表、监管报表等，从结果或综合效应的角度评估案例公司的上述风险。那么，我们目前能够获得的仍然主要是承保业务信息，因为投资业务和金融业务的信息必定相对很少，如果沿用传统的分析方法，只能围绕关于承保业务的相关数据进行分析，可能会"捡了芝麻，丢了西瓜"。

总之，面对这一新情况和新问题，传统风险评估方法的缺陷就暴露出来了。

因此，我们需要采用"由果及因，先外后内"的新方法。

从"发生重大财务风险"这一结果，需要将其分解"承保业务"、"投资业务"和"金融业务"三类，而按照我们对风险的新定义，这又取决于公司高层关于这三类业务的预期目标，可分别记作：O_1（承保目标）；O_2（纯投资目标）；O_3（金融运作目标）。然后对每一项目标作具体分析。

第一项，承保目标 O_1 的分解，比如简单分解为三项子项：O_{11}（保费收入年增长 $x\%$）；O_{12}（综合费用率控制在 $y\%$ 之下）；O_{13}（综合成本率不超过 100%）；等等。

第二项，纯投资目标 O_2，也可以分解为一系列子目标：O_{21}（货币基金投资收益 $x\%$）；O_{22}（债券投资收益 $y\%$）；O_{23}（股票基金投资收益 $z\%$）；等等。

这两方面均属于传统分析方法，无须赘言。

第三项，金融运作目标 O_3，很显然，在东方资产管理下的中华联合，与之前由新疆生产建设兵团控制之下的情况完全不一样，金融运作会越来越多，其影响也会越来越大。首先，公司面临的目标之一是保险保障基金的 60 亿元注资必须尽快完身而退，而且不应有资金亏损。这样就必须有恰当的投资人进来接盘，这应该是公司金融运作的目标之一，记作 O_{31}。然后，可以再将可能的接盘者细分，分为国有资本、海外资本、民营资本等，作为公司未来战略伙伴的选择目标。如此等等，这项目标不能说不重要。

识别和确认风险主体的预期目标后，偏离各预期目标的可能结果及其发生的可能性，就是所谓的综合效应。比如，相对于保险业务的预期目标 O_1，将实际承保结果记作 C_1，也具体分别记作 C_{11}、C_{12} 和 C_{13} 等。

C_1 与 O_1 之间的偏差程度记作 $\sum_{j=1}^{3} |C_{1j} - O_{1j}|$，综合效应可记作：

$$X = \sum_i \sum_j |C_{ij} - O_{ij}| \otimes p_{ij}$$

其中，O_{ij} 表示第 i 项目标的第 j 项子目标，p_{ij} 表示 C_{ij} 发生的概率。

综合效应就是各种风险后果的累积效应，它以公司偿付能力充足率严重不足、资不抵债或现金流断裂为表征。

为了防止出现这种情况，传统方法，比如上述财务比率分析法，就是采用实际的经营结果 C_{ij} 构成的各种比率来反映和预警，不能说这种方法没有用，只能说需要完善和改进。本书的改进思路是，从这些真实或者设想的"结果"出发，去探寻导致这些后果的原因，包括外因和内因。

第四节 识别风险的外因

针对中华联合发生的重大财务危机，按照第五章第四节介绍的方法，尤其是对照第五章第四节表 5 - 4 ~ 表 5 - 5 的格式，可逐一分析并识别导致案例公司发生的重大财务危机的主要外部导因。

同样按"过去"和"现在"两个不同时点进行分析，然后进行对照。

一、过去时点

回溯过去已经发生的事情，无非是从第五章针对一般公司总结出的普遍外部导因，对照具体案例公司的情况，尤其是识别哪些可能影响案例公司作出判断和选择（内因）的外部导因。

作为演示评估方法的例子，作为"马后炮"，这里仅从第五章第四节表 5 - 5 罗列的外因中选择两项进行分析，从宏观层面和行业（监管）政策层面各选一项导因进行分析：（1）加入世界贸易组织（WTO）与市场开放；（2）监管缺失、监管政策不认真落实。

选择这两项外部导因进行分析，是因为它们可能显著影响风险主体的判断和行为选择。

（一）加入 WTO 与市场快速开放

我国与世贸组织（以前曾叫做关贸总协定）的谈判，前后谈了几十年，终于在 2001 年 12 月 11 日与 WTO 达成协议。协议中关于保险业的主要内容是：保险市场是我国金融服务各领域中最开放的市场，其中，寿险公司的外资比例不超过 50%，财险公司全部开放，五年过渡期后，包括法定保险也全部开放。

必须承认，我国保险业当时并没有完全准备好，包括心理准备。因此，所导致的效应就是，在政府的主导下，利用五年过渡期的时间，尽快铺设市场网点，把该占领的空间占领，不给外资留太多的市场空间。

作为证据之一，中国保监会曾在 2004 年 7 月一次性的批准成立了 18 家国内保险公司。而在这之前，保险牌照是非常难以获得的。而中华联合正是在这样的大背景下，作为配合"国家战略"，从新疆出山的。

（二）监管缺失、监管政策不认真落实

从"马后炮"的角度看，监管缺失和滞后也是主要外部导因之一，具体来说，如果严格按照当时中国保监会《保险公司偿付能力额度及监管指标管理规定》第 16 条中的规定执行，那就肯定不会有后来这么大的承保损失。这方面，王凯、谢志刚（2014）有过具体分析，这里不再赘述。

二、现在时点

真正的风险评估，应该是审视现实、评估未来。

站在现在的时点来看案例公司，评估其未来 3 年内再度发生重大危机的风险，识别其可能的导因，是更有价值和意义的工作。

如前所述，鉴于控股股东—东方资产管理的背景及其上一节对公司未来预期目标的分析，案例公司不大可能仍像以前一样，只顾及承保业务，而更可能在承保、投资和金融运作上全方位出击。比如，首先要考虑的就是如何让保险保障基金的 60 亿元退出。

在这样的背景下，哪些因素会影响案例公司的判断和行为选择呢？

本书研究的建议是，应该采用头脑风暴、专家咨询或者专项研究等方法，参照（但也不限于）第五章第四节表5-5的分析，逐一进行评估，作为方法的强调，这里也选择两项进行分析和识别。针对案例公司的背景和可能的预期目标，笔者建议分析和识别以下外部导因：费率市场化进程；金融控股模式下的保险公司；互联网保险技术进步；"放开前端、管住后端"的监管理念；"偿二代"的落实进程；等等。需要注意的是，这些外部因素之间往往是相互关联的。

作为强调方法的研究，这里也选择分析两项进行分析和识别：（1）互联网保险技术进步；（2）"放开前端、管住后端"的监管理念。

（一）互联网保险技术进步

就像"余额宝"对传统商业银行的巨大挑战一样，互联网保险也跃跃欲试，必将对传统的保险公司营运模式尤其是渠道为王的营运模式带来巨大冲击。

（二）"放开前端、管住后端"的监管理念

笔者注意到，中国保监会有关领导近来多次在一些重要场合，比如，全国监管工作会议上强调指出，我国保险监管要实行"放开前端、管住后端"的理念和原则，笔者的理解是，我国保险监管将在强化偿付能力和资本监管的同时，放松对市场准入和产品费率的统一监管。

如果真的按照这一监管理念实施，其对保险公司经营的影响将是无与伦比的。

除此之外，还有更多的外部因素，包括上文所列举的，包括第五章表5-5中所罗列的，等等。篇幅原因，不再一一进行分析。

第五节 识别风险的内因

针对案例公司的重大风险，按照第五章第五节介绍的方法，尤其是对照第五章第五节表5-6和表5-7的格式，可逐一分析并识别导致该重大风险的主要内部原因。

同样按"过去"和"现在"两个不同时点进行分析，然后进行对照。

一、过去时点

对于内因的分析，无非也是根据案例公司的情况，从第五章针对一般公司的内部导因中，识别可能影响案例公司的内因。同样，这里仅从第五章第五节表 5-7 罗列的内因中选择三项进行分析，从高层和中层各选一项导因进行分析：（1）战略目标及其控制能力；（2）分公司目标与总公司战略。

（一）战略目标及其控制能力

在加入 WTO 的大背景下，中华联合配合"国家战略"，试图在五年市场开放过渡期内，迅速在全国范围内铺设网点，占据市场份额。这一战略目标是非常自然和合乎逻辑的，问题在于，总公司是否有能力把握住实现这一战略目标的控制能力，或者说，总公司董事会和总裁靠什么措施能够保证公司网点和业务收入的增长是在自己的控制之下。

事实表明，公司总部的管理模式缺乏对这一进程的有效控制。公司的主要模式就是按营业额支付手续费和奖金的简单模式，对成本的控制是失败的。

（二）分公司目标与总公司战略

与上一选择类似，总公司对整个公司业务进程的控制，主要表现为对各分支公司的控制上，但这又取决于总公司的目标与分支公司的经营目标是否一致，由于总公司没有能够找到控制分支公司的有效管理模式，分支公司就演变成为向总公司销售业务的中介机构，而且还不需要像中介机构那样自己承担成本支付责任。这样，分支公司当然会从自己的利益出发，大量吃进其他公司不敢要的高风险业务。

笔者曾经了解到，2003～2006 年，分公司高管每年的奖金远远高于固定年薪，收入远远高于总公司的高管。

又如，2007 年 11 月，深圳保监局在对中华联合深圳分公司的现场检查发现，公司存在大量的经营管理问题。例如，以"经被保险人申请、保险人同意"等为借口，批改保单保额并虚假退费，然而当发生赔案后却又不按约定给予赔付；又如，以"未收到保费、保单遗失"为理由，非正常大量注销保单，以此冲减应收保费等。而且，公司以保费收入为主的考核指标虽然有利于扩大业务规模，但也使得分支机构过分追求规模而忽视其他因素。

毕竟已经成为过去的事情，各种媒体或者中国保监会历年的违规处罚记录中可以查询到案例公司从高层、中层到具体业务层面反映出的各种问题。这里不再一一列举。

二、现在时点

更重要的在于现实和未来，受上述所分析的外部因素的影响，案例公司还可能会犯哪些错误呢？

如前所述，本研究的建议采用头脑风暴、专家咨询或者专项研究等方法，参照（但也不限于）第五章第五节表5－7的分析，逐一评估内部导因。针对案例公司的背景和可能的预期目标，同时作为强调方法的研究，这里也仅选择两项进行分析和识别。

（一）战略选择"不务正业"

这种错误，也是当今我国社会各行各业中最为流行的错误，简单地说，就是做产品的不如卖产品的，而卖产品的又远远不如卖公司的。对于案例公司来说，也就是专注于做保险业务赚不了多少钱，不如搞投资，更不如搞金融运作、买卖公司才更有意思。

而要方便搞金融运作，最好是将保险公司变更为一个金融控股公司，下设各类可能设立的各种公司，财险和寿险自不必说，还有经纪公司、公估公司，甚至与保险或者金融都无关的公司，多多益善。简单地说，就是像"平安模式"学习。

（二）董事长与总裁不合作

这同样也是当今我国社会各行各业中最为流行的毛病之一，尤其是在保险保障基金退出之后，代替和接手这60亿元资本金的股东中，自然会要求有总裁或者董事长的诉求。很可能形成第一大股东东方资产与第二大股东分享董事长和公司总裁的职位，并在董事会中占据相应的席位。一旦形成这一局面，董事长与总裁的合作与关系是否融洽，就成为影响公司经营结果的重要因素。

我们将拭目以待，看看案例公司的治理结构是否能够解决这一问题。

外因通过内因起作用，对于风险管理来说，外因是主体无法预知和无法控制的因素，而能够判断和选择的只是内因，因此，内因是风险管理的关键。

第六节 综合分析外因与内因的交互作用

在评估保险公司面临的主要风险时，不仅要关注风险的内、外导因，更要关注风险导因之间的交互作用，以此来把握风险的形成、演变规律。

在第五章中，已经将内外因综合交互作用形成风险的过程总结为一个公式：

$$X = \{x_{ij} = f_i(s_j), \ i = 1, 2, \cdots, n; \ j = 1, 2, \cdots, m\}$$

通过表格将所有 x_{ij} 的结果罗列出来，有助于依次进行分析，然后再从中选择一些重要的结果进行重点监管。具体如表 6 - 2 所示。

表 6 - 2　　　　　　　　　　　外因和内因的交互作用分析

内因 ＼ 外因	s_1	s_2	s_3	s_4	s_5	s_6
f_1	x_{11}	x_{12}	x_{13}	x_{14}	x_{15}	x_{16}
f_2	x_{21}	x_{22}	x_{23}	x_{24}	x_{25}	x_{26}
f_3	x_{31}	x_{32}	x_{33}	x_{34}	x_{35}	x_{36}
f_4	x_{41}	x_{42}	x_{43}	x_{44}	x_{45}	x_{46}
f_5	x_{51}	x_{52}	x_{53}	x_{54}	x_{55}	x_{56}
f_6	x_{61}	x_{62}	x_{63}	x_{64}	x_{65}	x_{66}
	↓	↓	↓	↓	↓	↓
5 项最重要的交互结果						

由于讨论过去时点已经没有多大意义，这里就以上述"现在时点"下的外因和内因为例进行分析。仅选择两个重要的外因和两个重要的内因进行交互作用的分析，这两个外因和两个内因都是目前中华联合所面临的重要风险因素，而它们组合后的结果也都是值得关注的。

例 1 已知如下外因 s_1、s_2 和内因 f_1、f_2，试分析 $x_{ij} = f_i(s_j)$，i，$j = 1$，2。其中：

外因 s_1 = 互联网保险技术显著进步；

外因 s_2 = "放开前端、管住后端"的理念落实；

内因 f_1 = 战略选择"不务正业"；

内因 f_2 = 董事长与总裁不合作。

分析：首先需要明确 $x_{ij} = f_i(s_j)$，i，$j = 1$，2 的具体含义。

$x_{11} = f_1(s_1)$，即当互联网保险的技术取得显著进步的条件下，公司却不再重视传统的承保业务，而是热心于投资和金融运作，这将意味着什么？

$x_{12} = f_1(s_2)$，即保险监管的准入门槛很低、条款和费率已基本放开的情况下，公司却不再重视传统的承保业务，而是热心于投资和金融运作，这将意味着什么？

$x_{21} = f_2(s_1)$，即保险监管的准入门槛很低、条款和费率已基本放开的情况下，公司的董事长却与总裁不合作，互相扯皮，这将意味着什么？

$x_{22} = f_2(s_2)$，即当互联网保险的技术取得显著进步的条件下，公司的董事长却与总裁不合作，互相扯皮，这将意味着什么？

分析到这里，虽然仅仅只是明确了问题，但结果却已经很清楚：案例公司这些年来所累积的问题，还将再度爆发出来，而且是以更大规模爆发出来。因此，公司和监管者需要投入大量努力关注和管控这些作为导因的风险，以防止更大的风险发生。

总之，在外因和内因的交互作用，就是研究风险的形成和演变规律，也是风险评估的关键和难点所在。

本 章 小 结

本章采用"由果及因，由外到内"的风险评估方法研究中华联合案例，选择过去和现在两个时点来分别分析案例，尤其分析在传统风险评估中被忽视的风险外部导因、风险内部导因以及两者的交互作用。

通过实际案例的应用，可以更加清晰地总结出新的风险评估方法区别于传统风险评估方法的特点。

（1）一套完整的保险公司风险评估体系，必须是包含风险的所有基本要素，否则就会造成风险管理工作出现缺陷。而传统的风险管理思想和体系中，通常都只关注风险的综合效应。正如在本章所涉及的中华联合案例中，如果只关注风险的综合效应，就会造成只评估了承保风险和投资风险，而对于难以用传统的财务比率分析法进行评估的金融运作风险，则被忽略在风险管理的范畴之外。

（2）从中华联合的案例分析过程中也可以发现，一套切实可行的风险评估体系并不可能用单一的指标标准去评估所有公司的风险，不同的公司有不同公司的具体情况，在外因和内因的分析过程中不可能达到一致的水平。甚至一些资本规模的要求，如果不按照公司规模加以区分的话，那也是不完全合理的。因此，本书强调重视风险管理的思路、方法和过程，而不是仅仅盯着结果不放。

（3）风险的形成和发展是一个动态的过程，在这样的过程中，不仅需要理论和逻辑的创新，还需要在行业和公司的不断实践中积累经验。因此，更加需要从源头开始关注，重点关注风险的导因及其相互作用的过程，也有可能充分掌握风险的形成和发展机理，从而达到未雨绸缪的目的。

（4）风险的外因、风险的内因以及两者的交互作用都是非常值得关注的要素，甚至是比综合效应更值得关注的要素。正如表6－2所示的那样，建议保险公司和监管部门在这样的框架指导下，逐次分析每一个外因、内因以及两者的交互作用过程，这不仅是一个评估风险的过程，也是一个总结的过程，它将成为未来分析风险的重要参考资料。

第七章

案例应用研究二：
澳大利亚 HIH 保险公司

澳大利亚 HIH 保险公司是一家资产规模超过 80 亿澳元的大型保险公司，于 2000 年 5 月 17 日宣布破产。如此之大的保险公司最终难逃破产命运，使人不禁为之叹息。正所谓"冰冻三尺，非一日之寒"，在其破产的过程中，政府、公司管理层、监管机构以及独立审计机构相互推诿、指责，莫衷一是。和中华联合的案例不同，HIH 保险公司已经破产，我们只能根据目前已经披露的有限资料追溯整个破产过程，而在这其中也能给我们很大的教益和启发。

接下来仍然以本书提倡的"由果及因、先外后内"的思路，从结果出发，寻找原因。在这个案例中，我们选择 1996 年这一时间节点，在这一年 CE Heath 正式更名为 HIH 丰泰国际控股有限公司（HIH Winterthur）。站在这个时间节点上，分析一个重大风险，即"未来 3 年公司发生严重财务危机或破产倒闭"，事实上，这个风险确实发生了。本书正是从这样的结果出发，回顾风险的发生过程，寻找导致风险后果的种种原因，为未来的风险管理工作提供借鉴。

第一节 风险主体

HIH Insurance Limited（以下简称 HIH）是澳大利亚第二大非寿险保险公司，堪称澳洲保险业的国际航空母舰。其总部设在悉尼，并在英国、新西兰、美洲和亚洲等多个国家和地区都设有分公司及子公司。HIH 业务涉及面很广，包括承保非寿险、管理承保代理人和管理投资基金等，其中非寿险承保的领域几乎通盘全做：普通非寿险、工程保险、机动车辆险、公众和专业责任保险、海事保险、强制性第三者责任险和雇员补偿险、旅行保险以及不动产和商业资产保险等。HIH 保险集团 2000 年 12 月公布的合并财务报表中披露，HIH 在 2000 年 6 月前的保费毛收入高达 28 亿澳元，总资产 80 亿澳元，总负债 71 亿澳元，净资产 9 亿澳元。据统计，HIH 在澳大利亚至少有 200 万份非寿险保单，其保单持有人超过 100 万，接近 30% 的澳洲上市公司购买了 HIH 的保单。

步入 2000 年以后，看似"辉煌"的 HIH 公司经营状况急转直下，内忧外困接踵而至。一年之后，这艘"航空母舰"就沉没了。

2001 年 3 月 15 日，澳大利亚新南威尔士（New South Wales，NSW）地方高等法院勒令 HIH 及其在澳大利亚的 17 家子公司进行临时清算，并指定毕马威咨询事务所（KPMG）的 Tony McGrath 先生和 Alex Macintosh 先生担任其临时清算人。

经过初步调查，HIH 账面亏损高达 8 亿澳元，如果加上可能的未决赔款和潜在追索，即使采用比较乐观保守的估计，实际总损失也可能高达 36 亿~53 亿澳元。在确信 HIH 无力清偿债务后，澳大利亚高等法院于 2001 年 5 月 17 日正式宣布 HIH 破产。

这是澳大利亚历史上最大的破产案件。

第二节 评估综合效应

对 HIH 来讲，公司的经营目标仍然可以概述为"做大做强"，具体包括提高市场地位及扩大市场份额、持续稳健的经营和盈利等，从该案例公司的保费收入情况中也可以看出公司确实一直在为"做大做强"的目标在努力。

表 7-1　　　　　　　　HIH 公司 1994~2000 年保费收入　　　　　　单位：百万澳元

时间　　地域	1994.01~1994.12	1995.01~1995.12	1996.01~1996.12	1997.01~1997.12	1998.01~1999.06	1999.06~2000.6
澳大利亚	633.9	1015.8	1501.3	1676.3	3197.3	2441.1
英国	30.1	90.4	113.5	266.2	664.2	1016.9
美国	79.8	83.7	114.4	244.9	736.4	488.8
新西兰	25.9	51.7	68.1	88	187.7	286
亚洲	12.3	27.3	46.8	59.9	150.3	197.8
阿根廷	—	—	4.2	7.8	42.0	45.7
总计	782	1268.9	1848.3	2343.1	4977.9	4476.3

对 HIH 来说，与中华联合的案例相似，具体经营目标需要与保险业务、纯投资业务、金融运作业务相对应，可以列示为：O_1（承保目标）；O_2（纯投资目

标）；O_3（金融运作目标）。

其中，各项目标又可以进一步细分。

第一项承保目标和第二项纯投资目标都是传统风险管理中关注的科目，可以采用和中华案例中一样的细分方法，即第一项承保目标 O_1 的分解为：O_{11}（保费收入年增长 $x\%$）；O_{12}（综合费用率控制在 $y\%$ 之下）；O_{13}（综合成本率不超过100%），等等。第二项纯投资目标 O_2 分解为：O_{21}（货币基金投资收益 $x\%$）；O_{22}（债券投资收益 $y\%$）；O_{23}（股票基金投资收益 $z\%$）；等等。

这里需要强调的是，虽然可以采用同样的财务指标来衡量综合效应，但是在具体的指标数值上绝对不可能采用统一的数值。这也就是本书一直强调的，不能期望采用统一的指标来简单评估一类风险，保险公司和监管部门需要做的，是在一个合理的框架下，对每一类公司的每一类风险分布进行详细的分析和评估。

而对于第三个金融运作预期目标 O_3，结合 HIH 保险公司案例的实际情况，则可以进一步细分为：O_{31}（扩大资本规模）；O_{32}（提高市场控制力和影响力）；O_{33}（加快资本增值）。

总之，为了研究保险公司的主要风险，必须具体明确风险主体及其预期目标。

在明确了风险的主体及其预期目标之后，接下来需要确认严重偏离这一目标的可能结果及其发生的可能性。

例如，以第一项预期目标 O_1 为例，将实际保险业务经营结果记作 C_1。假定实际保险业务运营结果 C_1 包括：

C_{11} = 承保保单中雇员补偿保险和职业责任保险十分常见，承保业务风险高；

C_{12} = 定价时仅考虑市场份额，未预计到由长尾风险带来的索赔；

C_{13} = 大量的人为低估准备金；

C_{14} = 以高佣金率争夺市场份额；

C_{15} = 恶意利用再保险，如财务再保险、停损再保险和内部再保险，并未真正转移风险。

C_1 与 O_1 之间的偏差程度可记作 $\sum_{j=1}^{6} |C_{1j} - O_{1j}|$，以类似的方法分别分析另外两个预期目标，然后总结起来，将综合效应记作：

$$X = \sum_i \sum_j |C_{ij} - O_{ij}| \otimes p_{ij}$$

其中，O_{ij} 表示第 i 项目标的第 j 项子目标，p_{ij} 表示 C_{ij} 发生的概率。

从 1996 年开始，HIH Winterthur 制定了其收购兼并战略，并配套实施实际措施，似乎在不断实现"做大做强"的目标。但是，公司规模急速扩张的背后却隐藏着很多问题，例如，自从 1996 年开始，HIH 的准备金一直处于不足状态，但却被公司高层采取签发更多保单的方法掩盖了过去，这实际是暗中加剧了公司损失；又如，再保险安排不但没有分散和转移承保风险，反而通过虚假再保险操纵了公司的资产和利润，加速 HIH 准备金情况的恶化；再如，HIH 的保费收入虽然上升很快，但是承保业务风险很高，而且高保费收入往往通过低费率、高佣金的策略来实现；等等。这种情况并不能从公司账面或财务指标中体现出来，正如 2000 年濒临破产前夕，监管者根据外部审计结果，称 HIH 的经营状况不存在问题，因而并未向 HIH 派遣调查人员。

因此，再次强调，仅仅关注风险的综合效应，离真正意义的风险管理和风险监管还有很大差距，需要更加关注的是导致严重风险后果的导因和后果发生的过程。在 HIH 的案例中，如果能够及时发现这些潜在的风险导因，包括外部导因和内部导因，尝试在风险形成过程中采取措施加以阻止，也许就可以改写历史，使得 HIH 不至于走向破产。

第三节　识别风险的外因

按照第五章中论述的风险评估框架，接下来需要进一步识别和确认 HIH 主要风险的外部导因和内部导因，以及导因之间的交互作用，以便更好地从根源出发管控风险。

对于 HIH 濒临破产时面临的主要风险，按照第五章所述的识别和确认风险导因的标准化程序：首先，征求专家意见，列示一系列可能的宏观层面外部导因和行业层面外部导因；其次，借助 Excel 软件，形成一组随机排列的外部导因数据；最后，通过打分得到影响最大的六项外部导因。

容易发现，以下具体分析的外因中，有个别项在表 5 - 4 和表 5 - 5 中没有涉及，这是因为表 5 - 4 和表 5 - 5 在设计时是以中国的保险公司为风险主体和研究目标，与 HIH 公司的情况必然存在巨大差异。这再一次证实了第五章分析风险主体时强调的，不同的风险主体，预期目标不同，风险的导因和综合效应也不同，因此需要对不同公司进行逐一分析。下一节对风险内因的讨论中同样遇到了这样的问题，下文中不再赘述。

一、承保周期下行

在承保周期的下行阶段，市场竞争加剧，产品价格下降，保险公司利润减少，从而导致其资本金减少，偿付能力不足的风险增大。HIH 的大规模扩张战略使其在短短 20 年内拥有 200 多家分公司，保费收入每年增长 26%。而在这 20 年内，非寿险业承保周期进入下行阶段，承保市场几乎饱和，竞争近乎白热化。为了继续实现其"做大做强"的经营目标，HIH 不得不采用低费率、高佣金、从事高风险业务和兼并其他公司的策略，这样的经营策略进一步增加了 HIH 的风险。

若保险公司能够充分地估计承保周期下行阶段，并且做好充分的应对准备，那么承保周期下行将不是一个致命的冲击。但是 HIH 错误地估计了承保周期，例如，HIH 认为保费变化周期通常为三年，所以 HIH 决定于 1995 年时暂时离开加利福尼亚州的雇员补偿保险市场，并决定三年后重返这一市场。但是事实证明，"三年循环"的假设是错误的，这一错误假设给 HIH 造成的直接损失超过 3 亿澳元。

二、政策改变

1995 年，加利福尼亚州废除了关于最低费率设定的法令，其意图在于鼓励保险人进行竞争以降低费率。于是，在 1994 年，HIH 预计该政策将降低保费。这一政策促使 HIH 在盈利的情况下于 1994 年暂时离开了加利福尼亚州的雇员补偿保险市场，并且在 1996 年重返该市场。而之后加利福尼亚州的地方法院大幅提高雇员补偿追溯金额，再保险人也要求将更多的风险转移给那些在市场中占主导地位的承保人。因此，回到该市场后，HIH 和其他主要保险人在雇员补偿保险业务中遭受了巨大的损失。

三、监管制度不健全

澳大利亚议会于 2002 年 7 月 1 日通过非寿险改革法案（General Insurance Reform Act 2001）并正式生效。该法案提到的"许可人"（Approved Person）的责任制度，特别加入了两个互相平行的概念：认可审计师（Approved Auditor）和认可精算师（Approved Actuary），以及与之相关的责任制度。认可审计师或认可精算师必须遵循 APRA 颁布的谨慎性要求以及相关职业团体颁布的标准，定期或不定期地提供详细、准确和真实的报告，对保单持有者、投资人和监管单位负责。而在 1996 年，"许可人"责任制度尚未出现，因此，当时的监管制度不是非常健全。这就导致精算师或审计师往往受到公司管理层约束，错误估计公司经营状况，从而没有按要求定期或不定期向 ASIC 和 APRA 提交书面报告或者提交虚假报告，使得 HIH 的隐患一直没有被监管机构重视起来。

四、监管部门监管不到位

澳洲保险监管当局（Australian Prudential Regulation Authority，APRA）并没有在 HIH 的破产过程中尽到了应尽的监管责任，很大一部分原因是 HIH 当时的董事长 Ray Williams 向执政党提供了巨额的政治捐款。

Ray Williams 先生身为 HIH 的创始人及首席执行官，他热衷于政治捐款。根据澳大利亚竞选委员会的记录，在短短的 6 年中，HIH 向政治团体的捐款总额达到了 59.27 万澳元。同时，HIH 向 Free Enterprise Foundation 捐资 10 万澳元，而这一基金会的作用是为执政党筹集社会捐款。与此同时，HIH 收购的 FAI 在短短数年间的政治捐款也高达 25.1 万澳元，其中大部分是捐给自由党用于国家执政党竞选。HIH 和 FAI 在 6 年里对自由党的政治捐款高达 80 万澳元，几乎占了该党 6 年里所收到的政治捐款的总额的 1/2。同时，与保险业总的政治捐款 150 万澳元相比，这笔款项也占到了 50% 以上。

这些捐款很大程度上导致政府没有及时采取监管行动。对于 HIH 对 FAI 收购案，澳大利亚证券与投资委员会（Australian Securities and Investments Commission，ASIC）认为 APRA 原本可以一开始就干涉这一收购事件，但他们并没有采取任何行动。

Carmichael 博士曾将 HIH 和 FAI 公司的长尾业务保费合理占比只有 40% 且财务准备金提留额度过低的情况告知监管机构，但未有答复。澳大利亚精算学会主席 Tom Coleman 说，如果监管者对关于 HIH 的报告予以重视，那也许就可以避免事态的恶化。

五、审计机构不独立

HIH 董事会的成员中有 3 个曾是安达信的合伙人，其中一个还主管 HIH 的审计工作。当年安达信悉尼分部 100% 的收入来源于 HIH 业务。针对 HIH 事件中曝光出来的审计人员与被审计公司串谋一事，ASIC 之后颁布了新规定，其中要求审计人员从事务所离职之后，两年内不得进入自己负责的被审计公司担任职务。而在 1996 年，并没有这项规定。

六、交易对手的信用存在问题

早在 1995 年，HIH 便开始计划收购 FAI。FAI 在被 HIH 收购前的数个月中，通过与 General Cologne Re Australasian 和 National Indemnity Company 签订某种形式的再保合同，使账面盈利虚增 5790 万澳元，也使得在 1998 年 6 月 30 日会计期末账面利润增加至 860.9 万澳元。FAI 利用合同中的一些复杂的可追溯条款，加上虚假的再保安排，将亏损递延入账，将不确定的利润提前入账，从而达到粉饰公司的利润和资产的目的。FAI 的再保合同不涉及真实的再保业务，其实 FAI 在被 HIH 收购之前就已破产了。

在收购前，FAI 的一名高级管理人员要求负责这次收购的审计工作的安达信审计人员降低准备金要求，并不要如实陈述 FAI 的财务状况。据估计报表至少隐瞒了 2.5 亿澳元的应提准备金。担任主要审计工作的安达信为了达成收购目的，故意将报表制作得比较复杂，刻意隐瞒了 FAI 内部的财务状况。通过账面运作，FAI 的报表被粉饰一新，因此，收购得以顺理成章地完成。

第四节　识别风险的内因

与识别和确认外部导因时使用的标准化程序相同，对 HIH 公司的情况通过咨询专家意见、随机形成内部导因数据、问卷调查，得到影响最大的六项内部导因，分别如下。

一、CEO 独断专行

盲目迷信领导是 HIH 企业文化的一大弊端。1968 年，Raymond Reginald Williams 创立了 MW Payne 承保代理公司，主要代理伦敦劳合社（Lloyd's）的承保业务。1971 年，英国的上市公司 CE Heath plc（澳大利亚公司）收购了 MW Payne，并对其在澳大利亚的业务进行重组。在 Williams 先生的管理下，CE Heath plc 在澳大利亚的承保业务快速发展，Williams 先生也因此于 1980 年入驻 CE Heath plc 董事会。在接下来的 32 年时间里，Williams 先生一直处于 HIH 的高级管理层，负责公司业务。直到公司破产的前几个月（2000 年 10 月），Williams 先生才因为在 Pacific Eagle Equities 等问题上与股东们产生严重分歧而辞去 CEO 的职务。

HIH 的董事会缺乏独立性，不能有效评估管理系统，这为滋生 Williams 先生的独断专行提供了土壤。Williams 先生从 HIH 创立直到 2000 年 10 月退休一直担任该公司的 CEO。即使在他退休之后，在重大决策、员工收入等问题上，Williams 先生仍然保持有至高无上的权利。

Williams 先生的独断专行以及为己谋私利的行为成为 HIH 破产的重要原因。

正如上文提到的，作为 HIH 的奠基人和 CEO，Williams 先生相当热衷于政治捐款。这也一定程度上导致了监管行动的迟缓，最终加速 HIH 的衰败。调查还发现，Williams 先生曾私下通过 Deutsche 银行出售 HIH 最大的一项普通保险业务，而向董事会报告却是推迟了两个月才完成。

二、准备金评估过程有问题

HIH 的准备金评估过程一直以来都存在着巨大的问题，不光在 1996 年，这些问题一直持续到 HIH 破产之前。HIH 的独立精算师 David Slee 先生曾多次发出警告，HIH 存在偿付能力不足的隐患，但他的报告一直没有送达董事会。据澳洲精算学会的 Carmichael 博士说，在 1999 年 11 月的一次精算会议上，有两名为 HIH 和 FAI 工作的精算师说 HIH 和 FAI 公司的长尾业务保费的合理占比只达40%，并且财务准备金提留额度过低。

当然，在准备金评估过程中，HIH 的精算师本人也没有完全尽到责任。David Slee 先生虽然确实起到了一定的警哨作用，但参与调查的精算师 Richard Wilkinson 说，David Slee 的报告也存在一定问题，主要包括对所用的数据未作调查，否则就可以及早指出存在的隐患。另外，David Slee 在发现问题时没有作出足够的警示来引起高层的注意，更可笑的是，连他自己都不是非常了解数据的质量及范围。

在澳洲，非寿险保险公司被要求定期或不定期向 ASIC 和 APRA 提交书面报告，其内容包括自身的财务状况、经营状况、费率制定、准备金提取、产品开发以及其他相关事项。特别是对于准备金提取，要明确说明其假设前提、模型搭建、参数设定等多项内容。这些报告先由精算师和审计师提交董事会，再上交监管部门审查。但因为之前在非寿险领域中，未曾采取过委任制度（委任制度广泛运用于寿险业），无论是精算师还是审计师都受到公司管理层的约束，造成 HIH 的经营状况被错误估计，对准备金提取所用的假设也过于乐观。因此，监管机构得不到客观真实的报告，所以对 HIH 所存在的隐患没有及时采取适当的措施，最终造成无可挽回的损失。

三、业务范围单一，承保业务风险高

HIH 在 1996 年采取扩张策略之后，其经营业务范围比较单一，从而不能有效分散风险。而且，其承保业务的风险也相对较高。

例如，兴业保险公司是 HIH 集团在香港进行承保业务的主要营运工具，其主要业务是一般法律责任保险。

再如，1987 年，CE Heath plc（HIH 前身）在加州设立子公司 Heath Cal，短短几年中，这家子公司就成为当地最大的雇员补偿保险承保人，并能从这一业务中赚取利润，这种情况一直持续到 HIH 暂时退出该市场。当重返该市场时，HIH 依然主要经营雇员补偿保险，这最终给 HIH 造成了巨大的损失。

又如，HIH 于 1993 年进入伦敦市场，整个 20 世纪 90 年代它都经营着职业保证和公众责任保险的业务。这一时期，因为出现了超预期赔付的海事险和航空险理赔，伦敦劳合社遭受了巨大的损失，HIH 也难逃此劫。另外，HIH 为几家主要合作银行提供影片融资（FILM – FINANCING）的保险和再保险业务，也产生了不小的损失。造成这些损失的主要原因是 HIH 并不精通此类业务，也不了解其风险构成，只是心存侥幸地想在高风险领域赚取利润用于弥补亏空，因而总是选择已经被许多保险人证明的问题市场来开展业务。结果，HIH 对一系列破产的影片（包括 The People v Larry Flynt 及 The Mirror has Two Faces 等破产影片项目）进行了赔偿。虽然 HIH 公司也进行了再保险，可是，当 HIH 向它的再保险公司 New Hampshire 提出索赔要求时（后者是美国国际集团 AIG 在英国的子公司，也因此而破产），New Hampshire 指出 HIH 原本可以以多种违反条款为由拒赔。法院判定 New Hampshire 胜诉，因此，HIH 在影片融资保险业务中又损失了数亿美元。

四、公司治理结构不健全

公司治理结构是一种联系并规范股东、董事会、高管人员之间的权利义务分配，以及与此有关的聘选、监督等问题的制度框架。简单地说，就是如何在公司内部分配权力。公司治理结构必须解决涉及公司成败的三个基本问题：一是如何保证投资者（股东）获得预期的投资回报，协调股东与公司的利益关系；二是公司内各利益集团的关系协调，这包括对管理层和其他员工的激励，以及对高层人员的制约；三是提高企业自身抗风险能力。HIH 的公司治理结构十分不健全，具体表现为：对于第一点，企业运营者没有很好地考虑股东利益。HIH 的运营者目光短浅，过多考虑个人利益；对于第二点，HIH 员工习惯于盲目听从领导，而领导本身素质较低，并且对高层管理人员没有很好的制约；利益相关者没有足够的能力和独立性，不知道该做什么不该做什么；对于第三点，整个公司没有良好的风险识别和风险管理能力；缺乏专业的质疑能力和分析能力。

五、高层管理人员素质较低

委托代理问题是公司治理结构的关键，其中高层管理人员是非常关键的代理人。HIH 的高层管理人员并不具备很高的职业和道德素质，他们的不当行为也在很大程度上造成了 HIH 的破产。他们的低素质造成了之后的 Pacific Eagle Equities 案件，在该案件中，HIH 的董事及前首席执行官 Ray Williams，财务官 Domenic Fodera 和 Rodney Adler（FAI 的前任老板）从 HIH 子公司 HIH Casualty 和 General Insurance（HIHC）转移了约 1000 万澳元到 Pacific Eagle Equities（Adler 的家族企业 Adler 公司的子公司），却未做任何文件记录。ASIC 要求新南威尔士高等法院对这三人分别处以 20 万澳元罚金，并禁止担任管理工作的惩罚措施。令人吃惊的是，这三人已将资产转移至海外或转到其妻子的名下以逃避处罚。如上文提到的，Williams 先生还曾私下通过 Deutsche 银行出售 HIH 最大的一项普通保险业务。虽然这些事件都发生在 1996 年之后，但是这些高层管理人员都在 1996 年之前就已经在 HIH 有巨大的影响力。

六、精算评估缺乏独立性

虽然 David Slee 先生在他的报告中多次提到应对 HIH 会计操作的方法加以规范。但参与调查的精算师 Richard Wilkinson 说，David Slee 的报告自身也有问题。David Slee 与 HIH 的关系太近，导致其精算评估缺乏独立性，最终导致 HIH 准备金提取不足、精算师没有起到足够的警哨作用。

第五节　综合分析外因和内因的交互作用

得到外部导因和内部导因后，下一步需要分析内外因交互作用后形成的综合效应 X，即：

$$X = \{x_{ij} = f_i(s_j)，i = 1，2，\cdots，n；j = 1，2，\cdots，m\}$$

按照第五章中分析的思路，分为两步来进行分析，即初步分析和选择分析。

通过表格将所有 x_{ij} 的结果罗列出来，依次进行分析，然后再选择出若干项具有显著影响的交互结果。

已知外因 $s_1 \sim s_6$ 和内因 $f_1 \sim f_6$，试分析 $x_{ij} = f_i(s_j)$，$i，j = 1，2，3，4，5，6$。

$x_{11} = f_1(s_1)$：在承保周期下行情况下，CEO 独断专行，没有充分调查分析并且与其他相关人员讨论，判断失误。

$x_{12} = f_1(s_2)$：不利政策颁布的情况下，CEO 继续独断专行，导致决策错误。例如，1998 年坚持重返加州市场，而就在这一年，加州法院大幅提高了雇员补偿追溯金额，再保险人也要求将更多的风险转移给在市场中占主导地位的承保人，

表 7－2   外因和内因的交互作用分析

内因 ＼ 外因	s_1	s_2	s_3	s_4	s_5	s_6
f_1	x_{11}	x_{12}	x_{13}	x_{14}	x_{15}	x_{16}
f_2	x_{21}	x_{22}	x_{23}	x_{24}	x_{25}	x_{26}
f_3	x_{31}	x_{32}	x_{33}	x_{34}	x_{35}	x_{36}
f_4	x_{41}	x_{42}	x_{43}	x_{44}	x_{45}	x_{46}
f_5	x_{51}	x_{52}	x_{53}	x_{54}	x_{55}	x_{56}
f_6	x_{61}	x_{62}	x_{63}	x_{64}	x_{65}	x_{66}
选择重要的交互结果						

HIH 体会到市场的压力，但没有做出及时退出的决定。HIH 为其在加州市场的错误策略付出了沉重的代价，其直接损失超过 3 亿澳元。

$x_{13} = f_1(s_3)$：监管制度不健全使 CEO 的行为缺乏了制约，使 CEO 的独断行径有空可钻。

$x_{14} = f_1(s_4)$：在监管部门监管不到位的条件下，CEO 独断专行就不会受到管制，更加放纵。

$x_{15} = f_1(s_5)$：CEO 与审计机构的密切关系影响了审计的公正性，掩盖公司财务状况。例如，2000 年 7 月，由安达信（Arthur Andersen）出具的审计报告中依旧声称没有发现 HIH 存在任何问题，并公布 HIH 的净资产为 9.39 亿澳元，而仅过了 8 个月，HIH 的账户上就出现了巨大的黑洞。

$x_{16} = f_1(s_6)$：交易对手存在信用问题时，CEO 依旧我行我素，无疑是雪上加霜。例如，HIH 的 CEO 和其他高层管理人员在收购 FAI 过程中仅仅根据 FAI 提供的报表做出判断，但事实上 FAI 的财务状况中报表至少隐瞒了 2.5 亿澳元的应提准备金。最终，HIH 因收购 FAI 导致的总损失达到 4.05 亿澳元，远远超过购买 FAI 所花费的 3 亿澳元。

$x_{21} = f_2(s_1)$：有问题的准备金提取过程导致准备金提存不足，尤其在承保周期下行的情况下，HIH 准备金无法应对强大的负面冲击。

$x_{22} = f_2(s_2)$：不利政策颁布时，准备金提存不足将使得公司更加容易受到冲击。

$x_{23} = f_2(s_3)$：在监管制度不健全的外因下，有问题的准备金提存过程将更难及时发现，导致准备金长期处于不足状态，进而导致其他问题接连出现。

$x_{24} = f_2(s_4)$：监管部门监管不到位，会导致准备金提取过程中的问题无法及时被发现。例如，HIH 清算调查小组获得的正式资料中公布，截止到 2000 年 3

月 31 日，HIH 的三个核心公司可用于赔偿的资产加起来不超过 12 亿澳元，但法定准备金要求却达到了 43 亿澳元，其长期偿债保证比率只有 28%，远远小于最基本的 100%，明显无力偿付长期债务，而这些情况在此之前却一直没有被公布出来。

$x_{25} = f_2(s_5)$：审计机构不独立，加上准备金提存过程有问题，将使得准备金长期不足。例如，HIH 需要向保险监管当局报告公司准备金状况，尤其要明示准备金计提的假设前提、模型搭建、参数设定等多项内容。这些报告先由精算师和审计师提交董事会，再上交监管部门审查，但由于审计机构往往都受到公司管理层制约，对准备金的判断总是过于乐观。

$x_{26} = f_2(s_6)$：外部交易对手存在信用问题，内部准备金评估过程存在问题，这种情况的内外因作用没有产生明显后果。

$x_{31} = f_3(s_1)$：业务范围单一、承保业务风险高的经营特征在正常情况下尚可勉强支撑，但是在承保周期下行的情况下，美国市场、英国市场和香港市场的经营给 HIH 带来了巨大的亏损。

$x_{32} = f_3(s_2)$：与上述情况类似，业务范围单一、承保业务风险高的经营特征使 HIH 在不利政策颁布时，在美国市场、英国市场受到了重挫。

$x_{33} = f_3(s_3)$：监管制度不健全的环境下，使得 HIH 业务范围单一、承保业务风险高的经营特征没有被及时发现和调整。

$x_{34} = f_3(s_4)$：监管部门监管不到位，导致 HIH 业务范围单一、承保业务风险高的经营特征没有被及时发现和调整，最终发生其巨大亏损。

$x_{35} = f_3(s_5)$：审计机构不独立，纵容了 HIH 经营问题的持续发展，业务范围单一、承保业务风险高的经营特征继续存在，最终导致各个市场均有亏损。

$x_{36} = f_3(s_6)$：外因是交易对手信用存在问题，内因是业务范围单一、承保风险高。这种情况的内外因作用没有产生明显后果。

$x_{41} = f_4(s_1)$：不健全的公司治理结构在承保周期下行的环境中会导致更加严重的后果。

$x_{42} = f_4(s_2)$：不健全的公司治理结构在不利政策颁布的情况下也会导致更加严重的后果。

$x_{43} = f_4(s_3)$：监管制度不健全时，不健全的公司治理结构不能及时得到调整，从而使公司作出错误决策。

$x_{44} = f_4(s_4)$：监管部门监管不到位同样纵容不健全的公司治理结构的存在，使其无法作出正确的决策。

$x_{45} = f_4(s_5)$：审计机构不独立，无法及时暴露公司治理结构中存在的问题，从而导致其错误决策。

$x_{46} = f_4(s_6)$：交易对手的信用问题，由于不健全的公司治理结构，没有被充分识别和重视，会导致公司出现经营问题，收购 FAI 就是这样的例子。

$x_{51} = f_5(s_1)$：高层管理人员的错误判断和不负责任使 HIH 作出错误的决策，在承保周期下行的情况更容易使公司出现经营问题。

$x_{52} = f_5(s_2)$：不利政策颁布时，高层管理人员素质低下而无法正确认识形势，作出错误决策，最终导致其损失。

$x_{53} = f_5(s_3)$：监管制度不健全使高层管理人员有漏洞可钻。

$x_{54} = f_5(s_4)$：监管部门监管不到位纵容了高层管理中低素质人员的存在。

$x_{55} = f_5(s_5)$：审计机构不独立的情况下，高层管理人员可以更加胡作非为。例如，Pacific Eagle Equities 在 2000 年 6 月到 9 月之间曾花费 400 万澳元购买 HIH 的股票，用以支撑其股价。5 个月之后，在 HIH 股票崩盘时 Pacific Eagle Equities 遭受了至少 200 万澳元的损失，其总损失估算达到了 690 万澳元，并间接造成了 Australian Equities Unit Trust 损失了大约 680 万澳元。而这些都没有被审计机构检查出来。

$x_{56} = f_5(s_6)$：当交易对手存在信用问题时，如果高管缺乏应有的职业敏感和洞察能力，就会导致潜在的风险。

$x_{61} = f_6(s_1)$：精算师作为保险公司重要的关键人物，在重大决策时一定会起到很大的作用。在承保周期下行的情况下，HIH 依然进入美国、英国和中国香港等市场，精算师也应当承担一定责任。

$x_{62} = f_6(s_2)$：精算师不独立，不能客观地做出正确决策，从而使 HIH 在不利政策颁布的情况下做出错误的决策。

$x_{63} = f_6(s_3)$：不健全的监管制度使 HIH 的精算师有机可乘，人为操纵精算结果，并且没有很好地发挥警哨职责。

$x_{64} = f_6(s_4)$：监管部门监管不到位，错误的精算评估过程不能被发现和纠正。

$x_{65} = f_6(s_5)$：精算师的评估缺乏独立性将导致不准确的精算建议。在监管审计机构不独立的情况下，精算师不当行为同样不能被及时发现，从而造成最终的损失。

$x_{66} = f_6(s_6)$：仍然以 FAI 为例，在估计了 FAI 的真实价值时，精算师应该发挥重要作用，但是精算师在收购 FAI 过程中并没有尽其职责，最终导致该收购所带来的巨额损失。

以上分别分析了每一种外因和内因交互作用的情况，完成了第一步——初步分析，接下来就可以从以上 36 种情况中选择若干个会产生显著影响的交互结果，加以严格管控。

作为对一个破产案例的回顾，导致 HIH 保险公司破产的原因已经昭然若揭，而这些原因恰恰是以上 36 种情况中的一部分，例如，以上分析中的 x_{12}、x_{15}、x_{16} 等，都是最终导致 HIH 公司破产的重要导因。如果回到过去，采取"从源头管控风险"的思路来进行风险管理和风险监管，或许 HIH 这艘"航空母舰"可以航行的更远。

虽然是回顾，但以上分析过程还是可以帮助保险公司及监管部门了解和认识保险公司内部潜在的风险。更重要的是，在对每一种内外因作用的情况进行独立分析的过程中，会产生一些对风险管理的新的思路和想法，从微观到宏观，从单一到全面。因此，我们说，这个过程更加重要。

本 章 小 结

本章继续应用"由果及因，由外到内"的风险评估方法分析案例公司，选取的公司是澳大利亚知名保险公司 HIH。作为新理论的应用，本案例更加注重对风险导因的分析，突出识别了风险的内部导因、外部导因，并在此基础上分析两者的交互作用。

需要再次强调两个问题的答案，作为对本章案例分析，也是对本书研究思路和方法的一个小结。

第一，究竟什么才是一套用以评估保险公司风险的体系？所谓体系，是一个整体的概念，既然是用于评估保险公司风险的体系，这个体系自然要包含风险的各个方面。从这个角度来讲，由于传统风险理论中对风险认识还不够全面，因此在此基础上所建立起来的风险评估体系也就不够全面。甚至不能够称为是体系，仅仅只是一些用以衡量风险某一方面（比如综合效应）的指标而已。本研究在一定程度上解决了这个缺陷，尝试建立的风险评估理论和方法也相对更加完整和全面。

第二，有没有一套统一的标准能够适用于所有公司？通过第六章和第七章的两个案例分析，就已经可以得到明确的答案：没有。因此，本书研究一再强调新理论的思想和方法，而并不过分拘泥于结果。即使对于同一家公司的同一个风险，其综合效应的表现结果也是在不断发展变化之中，因此，更具有实践意义的途径是设计一套合理的框架，实时关注风险的内因、外因及其交互作用。这实际上正是一个把握风险形成和发展的动态过程，是一个管理和监管风险的更加有效合理的途径！

附　　录

附录一　中国第二代偿付能力监管
制度体系整体框架

为进一步完善偿付能力监管，加强制度建设的顶层设计，建立科学有效的第二代偿付能力监管制度体系，制定本整体框架。

一、体系名称

中国第二代偿付能力监管制度体系的中文名称为"中国风险导向的偿付能力体系"（以下简称"偿二代"），英文名称为 China Risk Oriented Solvency System（简称 C–ROSS）。

二、总体目标

1. 科学全面地计量保险公司面临的风险，使资本要求与风险更相关。
2. 守住风险底线，确定合理的资本要求，提高我国保险业的竞争力；建立有效的激励机制，促进保险公司提高风险管理水平，促进保险行业科学发展。
3. 积极探索适合新兴市场经济体的偿付能力监管模式，为国际偿付能力监管体系建设提供中国经验。

三、整体框架构成

"偿二代"的整体框架由制度特征、监管要素和监管基础三大部分构成。

（一）制度特征

"偿二代"的制度特征是基于我国保险市场环境和发展阶段特征的一种现实选择，是开展偿付能力监管各项工作的出发点，体现在"偿二代"体系的具体原则、方法和标准之中。

1. 统一监管。

中国保监会根据国务院授权，履行行政管理职能，依照法律、法规统一监督管理全国保险市场，包括对全国所有保险公司的偿付能力实施统一监督和管理。统一监管不同于部分国家和地区的分散监管模式，充分体现了我国偿付能力监管的特点。

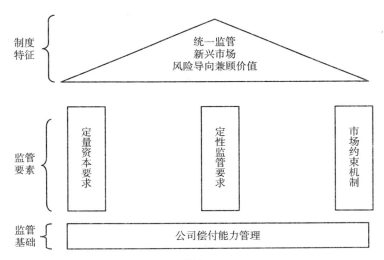

图1

　　"偿二代"应充分发挥统一监管效率高、执行力强、执行成本低的优势。同时，由于我国地域辽阔，在制定统一监管政策的同时，还需要充分考虑各地差异，适应不同地域保险市场监管的需要。在定量监管方面，主要是保监会机关对保险公司总公司资本充足性的监管，监管标准需要尽量统一；在定性监管和市场约束方面，对于与分支机构相关的风险，可以体现一定的地域差异。保监会机关和派出机构分工协作，共同实施偿付能力监管。

　　2. 新兴市场。

　　我国保险市场仍处于发展的初级阶段，属于新兴保险市场，在市场规模、发展速度、产品特征、风险管理能力、人才储备、国际活跃度等方面与成熟保险市场存在一定差异。

　　基于新兴市场特征，与成熟的偿付能力监管制度相比，"偿二代"应当更加注重保险公司的资本成本，提高资本使用效益；更加注重定性监管，充分发挥定性监管对定量监管的协同作用；更加注重制度建设的市场适应性和动态性，以满足市场快速发展的需要；更加注重监管政策的执行力和约束力，及时识别和化解各类风险；更加注重各项制度的可操作性，提高制度的执行效果。

　　3. 风险导向兼顾价值。

　　防范风险是偿付能力监管的永恒主题，是保险监管的基本职责。"偿二代"的资产负债评估，要能适时、恰当地反映保险公司面临的实际风险状况及变动；资本要求要更加全面、准确地反映保险公司的各类风险；监管措施要更加具有风险针对性。

对风险的防范，要具有底线思维。守住区域性、系统性风险的底线，科学计量潜在的风险损失，在此基础上科学确定所需要的监管资本底线，降低保险公司经营的资本占用，提高保险业资本使用效率和效益，提升保险公司的个体价值和整个行业的整体价值。

在技术目标层面，既不能将"偿二代"简单化为只是为市场中的保险公司划出一条及格线或风险预警线，也不能将其复杂化为对保险公司进行完美而理想的经济价值评估。基于新兴市场的"偿二代"，需要在风险预警目标和价值评估目标之间，寻求平衡与和谐。

（二）监管基础

保险公司内部偿付能力管理是企业内部的管理行为，在偿付能力监管中具有十分重要的作用，主要体现在两个方面：

第一，内部偿付能力管理是外部偿付能力监管的前提、基础和落脚点。特定阶段外部偿付能力监管必须与当时的行业内部偿付能力管理水平相适应。两者既相互依存又相互制约、相互促进。好的偿付能力监管体系，能够激励保险公司不断提升其内部偿付能力管理水平。

第二，内部偿付能力管理是保险公司的"免疫系统"和"反应系统"。科学有效的内部偿付能力管理制度和机制，可以主动识别和防范各类风险，对各类风险变化做出及时反应。

（三）监管要素

监管要素是偿付能力监管的三支柱，是偿付能力监管的重要组成部分。三支柱分别从定量资本要求、定性监管要求和市场约束机制三个方面对保险公司的偿付能力进行监督和管理，主要规范偿付能力监管的内容、原则、方法和标准。

1. 第一支柱定量资本要求。

第一支柱定量资本要求主要防范能够量化的风险，通过科学地识别和量化各类风险，要求保险公司具备与其风险相适应的资本。

在第一支柱中，能够量化的风险应具备三个特征：第一，这些风险应当是保险公司经营中长期稳定存在的；第二，通过现有的技术手段，可以定量识别这些风险的大小；第三，这些风险的计量方法和结果是可靠的。

第一支柱定量资本要求主要包括五部分内容：一是第一支柱量化资本要求，具体包括：（1）保险风险资本要求；（2）市场风险资本要求；（3）信用风险资本要求；（4）宏观审慎监管资本要求，即对顺周期风险、系统重要性机构风险等提出的资本要求；（5）调控性资本要求，即根据行业发展、市场调控和特定保险公司风险管理水平的需要，对部分业务、部分公司提出一定期限的资本调整要求。二是实际资本评估标准，即保险公司资产和负债的评估标准和认可标准。三是资本分级，即对保险公司的实际资本进行分级，明确各类资本的标准和特点。四是动态偿付能力测试，即保险公司在基本情景和各种不利情景下，对未来一段时间内的偿付能力状况进行预测和评价。五是监管措施，即监管机构对不满足定量资本要求的保险公司，区分不同情形，可采取的监管干预措施。

2. 第二支柱定性监管要求。

第二支柱定性监管要求，是在第一支柱的基础上，进一步防范难以量化的风险，如操作风险、战略风险、声誉风险、流动性风险等。

保险公司面临许多非常重要的风险，但这些风险无法量化或难以量化。特别是，我国保险市场是一个新兴市场，采用定量监管手段来计量这些风险存在较大困难，因此，需要更多地使用第二支柱的定性监管手段来评估和防范。例如，操作风险难以量化，我国也没有积累这方面的历史数据，现阶段难以通过定量监管手段进行评估。因此，对于不易量化的操作风险、战略风险、声誉风险等将通过第二支柱进行定性监管。

第二支柱共包括四部分内容：一是风险综合评级，即监管部门综合第一支柱对能够量化的风险的定量评价，和第二支柱对难以量化风险（包括操作风险、战略风险、声誉风险和流动性风险）的定性评价，对保险公司总体的偿付能力风险水平进行全面评价。二是保险公司风险管理要求与评估，即监管部门对保险公司的风险管理提出具体监管要求，如治理结构、内部控制、管理架构和流程等，并对保险公司风险管理能力和风险状况进行评估。三是监管检查和分析，即对保险公司偿付能力状况进行现场检查和非现场分析。四是监管措施，即监管机构对不满足定性监管要求的保险公司，区分不同情形，可采取的监管干预措施。

3. 第三支柱市场约束机制。

第三支柱市场约束机制，是引导、促进和发挥市场相关利益人的力量，通过对外信息披露等手段，借助市场的约束力，加强对保险公司偿付能力的监管，进一步防范风险。其中，市场力量主要包括社会公众、消费者、评级机构和证券市场的行业分析师等。

第三支柱主要包括两项内容：一是通过对外信息披露手段，充分利用除监管部门之外的市场力量，对保险公司进行约束；二是监管部门通过多种手段，完善市场约束机制，优化市场环境，促进市场力量更好地发挥对保险公司风险管理和价值评估的约束作用。

第三支柱市场约束机制是新兴保险市场发展的客观要求，是我国偿付能力监管体系的重要组成部分。第一，市场力量是对保险公司进行监管的有效手段和重要组成部分，可以有效约束保险公司的经营管理行为，应当充分利用。第二，我国现阶段监管资源有限，更应该充分调动和发挥市场力量的约束作用，成为监管机构的有力补充。第三，现阶段，我国市场约束力量对保险公司的监督作用没有充分发挥，急需监管机构进一步完善市场约束机制，优化市场环境。

4. 三个支柱的关系。

与保险公司内部偿付能力管理不同，三个支柱都是保险公司外部的偿付能力监管。三个支柱的作用各不相同，在防范风险方面各有侧重：第一支柱是通过定量监管手段，防范能够量化的偿付能力相关风险；第二支柱是通过定性监管手段，防范难以量化的偿付能力风险；第三支柱是通过信息披露等手段，发挥市场约束力量，可以强化第一支柱和第二支柱的效果，并且更加全面地防范保险公司的各类偿付能力风险。三个支柱相互配合，相互补充，成为完整的风险识别、分类和防范的体系。

5. 保险集团监管。

三个支柱的监管要素同样适用于保险集团监管。集团监管的内容和要求，在三个支柱中均会有所体现。例如，第一支柱既包括对单个保险公司的定量资本要求，也包括对整个保险集团的定量资本要求；第二支柱既包括对单个保险公司的定性监管要求，也包括对整个保险集团的定性监管要求；第三支柱既包括对单个保险公司的市场约束要求，也包括对整个保险集团的市场约束要求。

与单个保险公司相比，保险集团往往具有风险分散的效益；同时，保险集团也具有一些不同于单个保险机构的特殊风险，如资本重复计算风险、组织结构不透明风险、利益冲突风险、风险传递和风险传染等。在制定三个支柱的具体监管标准时，应当考虑和反映这些特殊风险。

四、技术原则

（一）偿付能力充足指标

评价保险公司偿付能力状况的指标有三个：核心偿付能力充足率、综合偿付能力充足率和风险综合评级。

（1）核心偿付能力充足率，是指核心资本与最低资本的比率，反映保险公司核心资本的充足状况。

（2）综合偿付能力充足率，是指核心资本和附属资本之和与最低资本的比率，反映保险公司总体资本的充足状况。

（3）风险综合评级，综合第一支柱对能够量化的风险的定量评价，和第二支柱对难以量化风险的定性评价，对保险公司总体的偿付能力风险水平进行全面评价所得到的评级，评级结果反映了保险公司综合的偿付能力风险。

核心偿付能力充足率、综合偿付能力充足率反映公司量化风险的资本充足状况，风险综合评级反映公司与偿付能力相关的全部风险的状况。

（二）实际资本

1. 实际资本，是指保险公司在持续经营或破产清算状况下可以吸收损失的经济资源。实际资本等于保险公司认可资产减去认可负债后的余额。

2. 认可资产是保险公司依据中国保监会的有关规定，以偿付能力监管为目的所确认和计量的资产。偿付能力监管体系中的认可资产，不同于财务会计报告体系中的资产，需要根据偿付能力监管的目的，进一步考虑确认和计量的差异，对资产金额进行适当调整。例如，有迹象表明保险公司到期不能处置或者对其处置受到限制的资产（如被依法冻结的资产、由于战乱等原因无法处置的境外资产等），在偿付能力监管体系中，不能确认为认可资产，或者其确认和计量的原则不同于财务会计报告体系中的资产。

3. 认可负债是保险公司依据中国保监会的有关规定，以偿付能力监管为目的所确认和计量的负债。偿付能力监管体系中的认可负债，不同于财务会计报告体系中的负债，需要根据偿付能力监管的目的，进一步考虑确认和计量的差异，对负债金额进行适当调整。例如，保险公司的资本性负债，在偿付能力监管体系中，其确认和计量的原则可能会不同于财务会计报告体系中的负债。

4. 实际资本应符合以下特性：（1）存在性，即保险公司的资本应当是实缴或承诺的资本；（2）永续性，即保险公司的资本应当没有到期日或具有一定期限；（3）次级性，即保险公司资本的清偿顺序应当在保单负债和一般债务之后；（4）本息约束，即保险公司资本的本金和股息的偿付应当具备一定的约束条件。

5. 根据损失吸收能力的大小，实际资本分为核心资本和附属资本。核心资本和附属资本应该保持合理的数量关系，确保资本质量。

（三）最低资本

1. 最低资本，是指保险公司为了应对市场风险、信用风险、保险风险等各类风险对偿付能力的不利影响，依据监管机构的规定而应当具有的资本数额。

2. 确定最低资本时，必须处理好风险防范与价值增长的关系，建立恰当的最低资本标准，既能有效防范风险，又能避免资本冗余。"偿二代"的最低资本应当是集中反映不同利益诉求、兼顾各方利益的均衡、公允的资本。

（四）风险分类

1. 保险公司的风险分为两大类：能够量化的风险和难以量化的风险。能够量化的风险包括市场风险、信用风险和保险风险，在第一支柱反映；难以量化的风险包括操作风险、战略风险、声誉风险和流动性风险等，在第二支柱反映。

2. 各类风险的定义如下：

（1）市场风险，是指由于利率、汇率、权益价格和商品价格等的不利变动而遭受非预期损失的风险。

（2）信用风险，是指由于交易对手不能履行或不能按时履行其合同义务，或者信用状况的不利变动而导致的风险。

（3）保险风险，是指由于死亡率、疾病率、赔付率、退保率等假设的实际经验与预期发生不利偏离而造成损失的风险。

（4）操作风险，是指由于不完善的内部操作流程、人员、系统或外部事件而导致直接或间接损失的风险，包括法律及监管合规风险（但不包括战略风险和声誉风险）。

（5）战略风险，是指由于战略制定和实施的流程无效或经营环境的变化，而导致战略与市场环境和公司能力不匹配的风险。

（6）声誉风险，是指保险公司的经营管理或外部事件等原因导致利益相关方对保险公司负面评价从而造成损失的风险。

（7）流动性风险，是指保险公司无法及时获得充足资金或无法以合理成本及时获得充足资金以支付到期债务的风险。

3. 保险公司表外业务的风险需要特别关注。表外业务主要包括不在资产负债表内反映的承诺、担保、衍生工具等，这类业务面临的风险主要是市场风险（如汇率风险、利率风险等）、信用风险、流动性风险等。表外业务不在保险公司的资产负债表内反映，因此其风险容易被忽视。目前，保险公司的表外业务规模逐步扩大，对保险公司的偿付能力将产生重要影响，在偿付能力监管体系中需要特别关注。

（五）第一支柱资产和负债的评估原则

1. 产险公司和寿险公司的资产负债评估原则应尽可能保持一致。

2. 相同的保险业务应适用相同的资产负债评估原则。相同的保险业务，无论其由寿险公司还是非寿险公司、直接保险公司还是再保险公司经营，应适用相同的资产负债评估原则。

3. 资产的评估原则应与负债的评估原则尽可能一致，减少由于评估原则的不一致而导致的资产负债不匹配问题。

4. 资产负债评估原则应能适时、恰当地反映出保险公司资产和负债在市场环境中所面临的实际风险状态及其变动。

5. 偿付能力的资产负债评估应充分利用保险公司现存的财务会计系统，在基础数据、计量原则和方法、报告系统等方面尽可能地实现共享和协调，以便有效降低偿付能力评估和管理的实施成本。

6. 计算第一支柱量化资本要求时所使用的资产负债评估原则，应当与计算实际资本时所使用的资产负债评估原则保持一致。

7. 资产负债评估原则应客观反映中国实际，充分考虑对保险行业的影响，标准的设定应适度、可行。

（六）第一支柱量化资本要求的基本原则

1. 第一支柱量化资本要求原则上采用在险价值（Value at Risk）方法，时间参数为 1 年，置信水平将以我国国情为基础，依据行业定量测试结果确定，例如，99.5% 或其他数值。

2. 第一支柱量化资本要求的计量基础为净资产，即在计算资本要求时，考虑各类风险因素对保险公司认可资产和认可负债的综合影响。

3. 计算第一支柱量化资本要求时，原则上采用标准模型，条件成熟时，逐步引入内部模型。

4. 在计算资产风险的资本要求时，风险暴露中不应包括非认可资产，因为非认可资产已从实际资本中扣除。

5. 第一支柱量化资本要求的计量，原则上不考虑新增业务。

6. 第一支柱量化资本要求的计量应考虑风险分散效应，采用相关系数矩阵法。

（七）第一支柱量化资本要求的计量方法

1. 第一支柱量化资本要求的计量采用自下而上的方法，从最底层开始按照规定的方法计算各风险模块的资本要求，然后按照规定的汇总方法进行逐级汇总。汇总时，考虑风险模块之间的风险分散效应，通过相关系数矩阵法对各个风险模块的结果进行汇总，得到整个公司的最低资本。

2. 第一支柱最底层风险模块资本要求的计算可选择情景法或者风险因子系数法。不同的风险模块可以选用不同的方法。

（八）第二支柱流动性监管

1. 流动性风险与其他风险关联性较强，信用风险、市场风险、保险风险、操作风险等风险同样会导致保险公司的流动性不足，因此，流动性风险通常被视为一种综合性风险。流动性风险管理除了应当做好流动性安排之外，还应当有效管理其他各类主要风险。

2. 对于流动性风险，持有额外的资本不是最恰当的监管方法，而应当主要通过定性监管手段防范流动性风险。

3. 保险公司应建立健全流动性风险管理治理结构、管理策略、政策和程序，建立全方位的流动性风险识别、计量、监测、控制体系，提升流动性风险管理水平。

4. 流动性监管应当同时考虑单个公司层面和整个集团层面的流动性风险，应当监测当前和未来一段时间内的流动性风险，应当考虑基本情景（即正常经营情况下）和极端不利情景下的流动性风险。

（九）第二支柱风险综合评级

1. 偿付能力监管应反映保险公司所有与偿付能力相关的风险，包括能够量化的风险和难以量化的风险。能够量化的风险，如市场风险、保险风险、信用风险，在三支柱体系中的第一支柱反映；难以量化的风险，如操作风险、战略风险、声誉风险、流动性风险等，在第二支柱反映。同时，在第二支柱中对保险公司所有与偿付能力相关的风险进行综合评价。

2. 风险综合评级包括三部分内容，分别是：对能够量化风险的评价（在第一支柱反映）、对难以量化风险的评价（在第二支柱反映）和对所有风险的综合评价（在第二支柱反映）。

3. 风险综合评级既包括对保险公司总公司的评级，也包括对保险公司分支机构的评级。

（十）第二支柱保险公司风险管理要求与评估

1. 第二支柱保险公司风险管理要求和评估，是对保险公司与偿付能力相关的全部风险的管理要求和对保险公司风险管理能力的评价，不仅包括可量化的风险，还包括不可量化的风险。

2. 保险公司应定期对自身的风险管理能力、特定风险和总体风险状况进行自评估，并向监管机构报告，作为风险综合评级的重要依据。

3. 监管机构可以根据保险公司风险管理能力、水平和实际状况，对保险公司的最低资本进行调整。

4. 第二支柱风险管理要求是对保险公司风险管理的最低要求，保险公司可以在监管要求的基础上，建立更高标准的内部风险管理制度。

（十一）第三支柱公开信息披露

1. 偿付能力公开信息披露应遵循充分性原则。保险公司应当充分披露有助于信息使用者了解保险公司偿付能力风险状况的所有重大相关信息。

2. 偿付能力公开信息披露应遵循及时性原则。保险公司应当定期、及时披露偿付能力相关信息。

3. 偿付能力公开信息披露应遵循真实性原则。保险公司应确保信息披露的内容真实、准确、完整，且没有虚假、严重误导性陈述或重大遗漏。

4. 偿付能力公开信息披露应遵循公平性原则。保险公司应确保具有相关利益的社会公众平等获悉偿付能力相关信息，确保信息披露的集中性、可访问性和信息使用者的获取便利。

5. 偿付能力公开信息披露应遵循成本效益原则。

附录二　保险公司非量化与可量化风险显著性比较

保险公司在其经营过程中会面临各种各样的风险，这些风险不仅种类繁多，而且往往相互联系，结构十分复杂。以风险是否可以量化为参照标准，可以将风险分为可量化风险和非量化风险。对于可量化风险，保险公司和监管部门通常采用设置资本要求来控制；而对于非量化风险，则往往通过公司治理、内部控制等定性手段来进行管控。

无论是对保险公司实行外部监管还是对保险公司内部实施全面风险管理，都需要付出成本，甚至高昂的成本。因此，保险公司和保险监管机构不可能对各类风险都配置同样的管理和监管资源，只能有所择重，针对各类风险的显著性或危害程度进行有效、合理的资源配置，最大限度地节省资源。

以我国保险业目前正在积极进行中的"第二代偿付能力监管制度体系"建设工作为例，其基本建设思路是将保险公司的可量化风险和非量化风险分别纳入第一监管支柱和第二监管支柱的管控之下。这样一来，就提出一个问题，保险公司所面临的这两大类风险及其相应的两大监管支柱建设工作，在未来几年的时间内，哪一类更为迫切、更为显著、更应该受到我国保险业的关注？

如果我国保险业对此问题判断有误，就完全有可能抓不住主要矛盾，就有可能错配监管和管理资源，所导致的后果就是，大量的资源投入之后，重大风险照样发生。

因此，非常有必要系统地研究我国保险公司和全行业的风险状况和特征，比较和分析哪一类风险更为显著，究竟是可量化风险还是非量化风险？

论证过程安排如下：第一部分从风险的定义出发，界定可量化风险和非量化风险的内涵，并建立风险显著性比较的分析框架；第二部分在所建立的分析框架下，跳出从综合效应角度出发的思维定式，转而从风险的导因角度研究可量化与非量化风险；第三部分用两种不同的风险分类方法罗列具体的风险类别，通过比较可量化与非量化风险所包含具体风险的种类和范围来比较两类风险的显著性；第四部分从案例分析的角度出发，通过典型的保险公司破产案例调查报告比较两类风险的破坏程度，从而推断所提问题的结论；第五部分是研究总结。

一、基本概念和分析框架

首先需要界定什么是可量化风险和非量化风险。对此，本书基于谢志刚、周

的外因包括社会、科技、人口、经济波动、市场竞争、巨灾事件等因素，而内因则包括员工不能胜任、内部治理问题、股东过度控制等因素；外因通过内因起作用，导致可能偏离主体预期目标的后果或综合效应，即传统意义上的风险。

因此，传统意义上的风险，只是本文所采用的风险新定义下的综合效应，只是风险的后果。但我们研究风险的目的，不只是寻求后果，更要寻求导致结果的导因，包括外因和内因，目的是要从根本原因出发管控风险。

从 Sharma Report（2002）中所罗列的外因和内因看，风险导因大都是不可量化的，因此必须更加关注非量化风险。

举例来说，在目前的风险管理研究中，普遍认为投资风险是可量化风险。如果考虑到形成投资风险的原因，外因可能是经济周期影响、市场竞争、监管政策变更等方面因素，而内因则可能是公司内部治理结构失灵或管理水平低下、操作失误、错误投资决定、风控水平低等因素。因此，要有效防范投资风险，就应该是从导致投资风险的这些因素入手，然而综观这些形成投资风险的导因风险，可量化的实在少之又少。非量化风险的重要程度不言而喻。

三、文献分析——从风险分类出发

本书目的是研究保险公司非量化和可量化风险的显著性，一个直观的想法就是罗列各类非量化和可量化风险，通过罗列各种风险的科目和数目，初步判断其显著性。这就需要对风险进行的不同目的的分类。

首先参考 Oxera（2007）对保险公司面临的主要风险的分类，并将其结论汇总为表1。

表1　　　　　　　　　　　保险公司面临的各类风险

	Idiosyncratic risk	Systematic risk	Systemic risk
可量化风险	信用风险 投资风险 费用风险 纯承保风险 流动性风险 不匹配风险 准备金风险	—	利率风险 汇率风险 投资市值波动风险
非量化风险	操作风险 失效风险 再保险风险 承保管理风险	市场变化风险 法院不利判决 法律变更风险	通胀风险 环境变化风险 科技变化风险 经济周期风险 社会政治变化风险

仅从科目数量看，表1中的可量化风险共有10种，非量化风险有11种，似乎不相伯仲。但这只是一种表面的现象。以操作风险为例，虽然对其是否可量化有较多争议，但我国保监会《中国第二代偿付能力监管制度体系整体框架》中已经将其作为非量化风险。而根据英国保险行业协会（ABI）下设的操作风险机构（ORIC，见 www.abioric.com）的分类方式，保险公司的操作风险还需具体分类23个子类，包括内部人员欺诈、外部欺诈、误销、IT问题、控制失误、管理失误、关键商业循环的过程失误等，这每一个方面又可以作为一种独立的、单一的风险来进行具体研究。

又如信用风险，虽然我国保监会《中国第二代偿付能力监管制度体系整体框架》中已经将其作为可量化风险，在银行业中其更是主要的量化风险。但根据Keliber 等（2013）的研究，保险公司的信用风险也需要再细分为28个子类，这意味着，需要对这28种情形相差巨大的子项目逐一评估，才能度量保险公司的信用风险。

再如，科技变化带来的风险也被认为是一种非量化风险，但这一风险包含的内容不仅非常广阔，而且科技变化可能带来许多不可预测的复杂结果，是我们目前根本无法掌控的。

相对于上述不可量化风险包含内容的庞大和复杂，可量化风险的划分则相对更加明确，例如，准备金风险、定价风险等，都是针对某一细小问题进行具体研究。而我们将其中一类非量化风险统称为科技风险正是因为我们对其可进行的研究较少，所以没有进行细化。

因此，虽然表1的数量比较中看不出可量化风险和非量化风险孰重孰轻，但只要经过一些简单的思考和分析便可以发现，非量化风险的种类就远远不是我们笼统归类下的这样少了。从这个角度来看，保险公司面临的非量化风险五花八门，多种多样，可量化风险只是占很少的一部分。

从另一角度出发，本书借鉴谢志刚（2009）中对风险按层面进行分类的方法，将保险公司面临的各种风险划分为四个层面：宏观层面、行业层面、公司层面和业务层面，具体如表2所示。

表2　　　　　　　　　保险公司面临的各类风险——按层面分类

	宏观层面	行业层面	公司层面	业务层面
可量化风险	—	—	—	信用风险 投资风险 费用风险 承保风险

续表

	宏观层面	行业层面	公司层面	业务层面
非量化风险	通胀风险 环境风险 科技风险 政治风险	政策变更风险 经济周期风险 竞争风险	治理风险 战略风险 声誉风险 合规风险 兼并风险	操作风险 再保险风险

由表 2 容易看出，保险公司面临的各类风险中，可量化风险主要集中在保险业务层面，而非量化风险则分布于各个层面，包括宏观经济层面、保险行业层面、保险公司层面，甚至也存在于某一具体业务层面上，这无疑证实了非量化风险的重要程度。

此外，本书是站在保险公司的角度来分析可量化风险和非量化风险的显著程度，这样一来，宏观层面和行业层面的风险因素都属于导致保险公司风险的外因，只有公司层面和业务层面的风险才能看作是内因导致的风险，根据"外因通过内因起作用"的原理可以看到，风险是从宏观层面传递到行业层面，再从行业层面传递到公司层面，然后再传递到具体的业务层面。公司层面和业务层面的这些风险，无论是可量化的还是非量化的，都会受到宏观层面和行业层面风险的影响。

因此，对于保险公司而言，不能只关注公司和业务层面的风险，而是需要以一个更宽广的视角来关注宏观层面和行业层面的风险因素。而宏观层面和行业层面的风险几乎都是非量化的，相对于公司层面或是某个保险业务层面的风险来讲，宏观层面和行业层面的风险往往更难管控，也往往更加重要。从这个角度来说，非量化风险涉及范围更广，种类更复杂。

四、案例分析

从案例经验分析的角度，通过揭示保险市场上实际导致保险公司发生破产倒闭或陷入财务危机的主要原因，也十分有助于实现本文的研究目标。

例 1　丁格尔报告（Dingell Report，1990）

20 世纪 80 年代的破产高潮过后，美国参议院委托专家对几家保险公司的破产进行了深入调查。调查结果被公布在丁格尔报告（Dingell Report，1990）中。报告对 1969 ~ 1987 年间宣布偿付能力不足的 153 家保险公司进行研究，结果显示：最主要的偿付能力不足原因是准备金不足，58% 的问卷结果认为是这个原因；第二大原因是管理失误，占比 41%。第一个原因准备金风险是从结果（准备金不足）出发得到的原因，而这是由复杂的非量化风险诱因综合作用的结果。

第二大原因显然应归于非量化风险。此外，研究还显示，保险公司破产的七大原因：快速的业务扩张、委托管理权、欺诈、准备金不足、过度依赖再保险、拓展新市场、整体管理不善等。容易发现，其中除了准备金不足是可量化风险外，其余都是非量化风险。

例 2　美国精算师学会（AAA）研究报告

基于丁格尔报告的结果，美国精算师协会（AAA）下设的财产责任保险财务报告委员会（Committee on Property Liability Insurance Financial Reporting，COPL-FR）在 2010 年 9 月又完成一项报告。

该研究参考分析了 2010 年 A. M. Best 公司的年度报告。基于历史数据和分析认为，准备金不足本身并不是偿付能力不足的主导原因。虽然 FSRM 委员会确定准备金不足或定价不当，快速增长，以及欺诈都是偿付能力不足的重要原因，但是并不存在唯一的主要原因，各种原因间并不是相互独立的。例如，管理不当常常被认为是偿付能力不足的主要原因，但管理不当表现在很多方面，包括准备金不足以及定价不当等。在报告中，FSRM 委员会继而研究了 2005 ~ 2009 年宣布偿付能力不足的 36 家财险公司，得到的结论之一就是，偿付能力不足的主要原因被归为管理不善和决策失误。

例 3　Sharma Report（2002）和 McDonnell（2002）报告

2001 年，欧盟委员会组织了一个来自 15 个欧盟成员国保险监管机构的成员组成的小组，课题组研究了从 1996 ~ 2001 年期间，欧洲市场上陷入偿付能力危机的 85 家保险公司，其中被清算的有 20 家。在对所有样本的初始分析中，监管者认为承保风险和准备金风险是破产或困境的主要原因。但进一步的深入分析和案例研究发现，大多案例涉及操作风险以及管理和控制问题。Sharma Report（2002）分析了导致这些保险公司经营失败的主要原因，总结为 12 种主要类型：为追求集团利益总公司设定不当策略（战略性投资），由于对保险专业知识的缺乏总公司设定不当策略，相互保险公司目标不一致，商业风险——大型保险公司面临并购问题，保险公司的跨国管理，寿险公司的高收益率保证，停滞的公司追求多样化发展，承保风险——变化市场中的细分部分，保险公司以相关性高的投资匹配负债，公司设定不当的分配战略，巨灾及不当的再保险计划，关键业务的外包。这 12 种类型基本都是非量化风险。

在 Sharma Report（2002）基础上，McDonnell（2002）也做了一份分析报告，其中总结了 Sharma Report（2002）中保险公司出现偿付能力危机的七大原因，并认为技术影响由于显现在承保风险和准备金不足上，较容易被发现，而公司潜在的问题才是其困境的根本原因，却不易直接看出。事实上，所有的案例都存在重大的管理或公司治理问题，许多存在显著的系统和控制问题。普遍存在的承保风险和资产风险的产生是由于这些根本不足，以及各种管理不善的风险使得公司极易受到外部触发事件的影响。比较这些公司与那些经受类似情况却处理得当的公司，可以得到以下四个管理问题：无力胜任，涉及非专业领域或不加分析地随众投资；过度吸收风险或目标与谨慎运营相左；欺诈；缺少自主权及来自总公司的不适压力。最终作出六条总结：虽然信用问题是主要显性征兆，但在所有案例中根本原因是管理和控制不足；许多案例中操作风险是显著原因；一个主要的风险因素是过度扩张，常常表现为虽然进入新的领域，但系统和控制力落后；外部风险是显著原因，常常使内部问题暴露出来；困境的出现往往是多种因素综合的结果；监管者不应完全依靠定量因素，因为其并不能控制所有风险，尤其是潜在风险。McDonnell（2002）将破产原因直指管理不善的问题，显然也认为是非量化风险导致了保险公司的破产。

例4 英国非寿险研究组织协会（GIRO，2003）

2003年，英国非寿险研究组织协会（General Insurance Research Organising Committee，GIRO）下设的保险研究组，研究了美国和西欧市场保险公司破产的原因。研究工作组在 Massey 先生的组织下，提交了一份保险公司破产报告。报告是在以前研究的基础上，综合案例分析的方法，提供了有关美国和西欧的保险公司破产原因的综合评估。文章指出，公司出现偿付能力不足的困境的原因不是唯一的，通常是许多原因综合效应的结果。而且，保险公司破产的根本原因不一定如表面的统计数字那样明确，例如，快速地业务扩张可能是错误策略的一个体现，其也可能由于定价过低，或缺少承保控制。但有一个原因存在于大部分案例中，那就是采用不完善的管理。

例5 澳大利亚 HIH 破产调查

HIH Insurance Limited 曾是澳大利亚第二大非寿险保险公司，资产超过80亿澳元，却于2001年3月被澳大利亚新南威尔士地方高等法院勒令进行清算，5月正式宣布破产。一个如此庞大的保险公司破产的原因是错综复杂的，澳大利亚政府于6月决定成立 HIH 皇家委员会调查 HIH 破产事件。2003年4月，委员会提交了一份长达一千三百多页的调查报告，报告中总结了10条 HIH 破产的主要原因，分别是：业务范围单一（多为长尾业务）；长期由一个有能力但刚愎的 CEO 领导，而没有建立完善的公司治理结构；在公司兼并和收购过程中缺乏应有的监督机制；准备金提存不足；外部审计缺乏独立性；精算评估缺乏独立性；业务数据质量不达要求；滥用财务再保险；公司治理结构不健全；监管部门监管不到位。以上10条破产原因大部分都是非量化风险。

从上述列举的案例中我们不难发现，导致保险公司破产的触发事件主要为巨灾损失、市场风险等，表现在准备金不足/定价不当、业务快速增长等，然而导致保险公司破产的根本原因是由于管理者、股东和其他外部控制者造成的决策风险，这些潜在的内部管理问题往往通过风险传导过程影响保险业务的进行，使公司作出不当的风险决策，这些原因的汇集到达一定程度后，在外部触发事件的影响下引起不良财务后果，使公司走向破产。即非量化风险作为根本风险，通过传导机制影响整个风险过程，最后通过可量化风险表现出来。我们对可量化风险的管控固然重要，但对非量化风险的管控也不可放松，如果不从风险形成的源头来管控风险，仅仅控制最终的财务结果，岂非隔靴搔痒，治标不治本。可见，对非量化风险的管控是至关重要的。

五、结论与建议

本书分别从风险的定义、风险的分类以及导致保险公司破产的原因来比较保险公司面临的可量化风险及非量化风险的显著性，并提出一种新的研究和比较风险的分析框架，跳出传统的从结果出发的思维定式，从综合导因和结果的更为全面的角度考虑问题。

从风险定义的角度，通过研究风险的构成要素及其相互关系，本书提出：不应仅仅从结果出发来看风险，还要注意风险的导因，而导致风险的外因和内因往往都是非量化风险。为了更有效地管理风险我们要从源头进行防控，因此非量化风险的管理尤其重要。

从文献中风险的分类来看，非量化风险种类繁多，每一种具体的非量化风险往往还可以继续细化，这一方面体现了非量化风险管理的困难，另一方面也揭露出目前对非量化风险研究的相对滞后。

从保险公司的风险构成看，不论是在宏观层面还是微观层面都有涉及，而可量化风险大都集中在微观业务层面。

从保险公司破产原因来看，导致破产的原因也大多是非量化风险。因此在保险公司运营过程中，要特别注意对非量化风险的管控以防止破产和偿付能力不足等问题。

因此，无论是外部监管制度建设和保险公司内部的全面风险管理体系建设，都应该更加注重制定和落实第二支柱下的各类风险管控措施。

附录三　自我风险与偿付能力评估（ORSA）

背景

1. 在 article 44 的框架指导法案中提到了自我风险与偿付能力评估（ORSA），作为每一个保险公司及再保险公司风险管理系统的一部分。这个评估体系需要保险公司和再保险公司适当地确定他们所有的偿付能力需求。ORSA 信息同样会被报告给监管者，以及用于监管审查过程中。

2. ORSA 是一个新的概念，这对于保险公司和再保险公司来说，可能并不熟悉。因此，这就需要更多的细节和解释。框架指导法案没有提供所有需要的答案。尽管框架指导法案全文覆盖了 OSRA 中大部分重要的点，但对 ORSA 的结果还是列举的不够详细和全面。此外，保险公司还需要将 ORSA 视作为一个过程的需要，其复杂程度可能远远超过欧洲议会和 CEIOP 的想象。所有这些都可能导致对市场极大的不确定性，因为对这个新要求的预期是什么样目前还不知道。

3. ORSA 的实施究竟会给保险公司或再保险公司带来什么？这还不确定，但这个问题必须被关注，尤其是对中小型公司。认识到这一点，欧洲议会也在努力记录所有的疑问并将 ORSA 描述为：（1）不需要保险公司建立内部模型；（2）与 SCR 和 MCR 不同，这不是一个资本需求；（3）不需要过于沉重。

4. 在完成第一阶段的工作时，CEIOPS 对 ORSA 的一些细节进行了讨论。一些考虑是关于 IRCA（IRCA 是内部风险与资本评价，是 ORSA 原来的名字）的目的以及 SCR 与额外资本的内部联系。

5. 框架指导法案中没有规定任何关于 ORSA 第二阶段需要的措施，但是 CEIOPS 提供了关于 ORSA 在第三阶段需要注意的原则。由于之前没有第二阶段的准备，CEIOPS 只有在后面的阶段里建立一些指引。然而，为了追求其透明性，CEIOPS 决定增加对 ORSA 的讨论并提前公开它的想法，以便让市场能够了解 ORSA 究竟能带来什么。

6. 在这篇文章里，CEIOPS 初步解释了 ORSA 作为一种管理工具的定义和重要性、ORSA 的目的、一些指导法案中提到的要求和一些在实施 ORSA 过程中的原则和指导。本书提到的一些指导意见可能已经在 Solvency II 框架的引言之前被修正。现在这篇文章只是将 ORSA 考虑为承保的一种需要，监管者如何看待

ORSA、监管报告的要求和监管者如何使用 ORSA 的结论都将会在 CEIOPS 的另一份报告里被阐述。

7. 在以后的阶段里，CEIOPS 可能会建立更多 ORSA 的指导，这可能包含覆盖 ORSA 的含义和具体条件。

ORSA 的定义和目标

8. Article44 的框架指导法案，描述自我风险和偿付能力评价是风险管理系统的一个工具，这需要保险公司和再保险公司合适的评价他们短期和长期的风险，以及为应对这些风险而需要的资本量。同时，ORSA 对监管者来说是一个重要的信息资源，保险公司必须在监管报告中详细地描述他们满足 ORSA 要求的过程。

9. 因此，ORSA 可以定义为一个完整的过程，它包括识别、评价、监测、管理和报告保险公司和再保险公司在承保过程中面临的或可能面临的短期和长期风险，并确定能够保证短期和长期所有偿付能力需求的资本。

10. 保险公司现在面临的或者以后可能面临的风险与应对这些风险的内部资本需求之间的关系非常密切，ORSA 的目的就在于提高对人们对这个问题的认识，无论保险公司是使用标准公式还是内部模型来计算 SCR。管理者应该理解和评价保险公司面临的风险，并确定其资本水平能够适应这些风险和内部控制环境。

ORSA 为什么重要？

11. 保险公司对自身风险和偿付能力的评价对风险导向体系（如 solvency Ⅱ）的应用非常重要。风险导向方法要求保险公司持有一定数量的资金以应对他们面临或未来会面临的风险。ORSA 首先代表了保险公司的想法和对他们风险的理解、所有偿付能力需求和他们所持有的资金。

12. 用于计算 SCR 的标准公式引入了一个资本需求，旨在考虑平均意义上保险公司所有的可量化风险，但是这也不可能覆盖每一家公司实际面临的所有风险。标准公式是一种标准化的计算方法，它不可能适应某家特定保险公司的特定风险状况。因此，在某些情况下，标准公式不能反映某家特定保险公司的风险状况，以及公司的偿付能力需求。因此，使用标准公式的同时保险公司还需要评价其能够应对风险的资本需求。除了拥有足够的可用资金来满足法定资本需求外，保险公司还必须评价其自身风险状况的监管资本需求。

13. 资本与风险状况匹配能够有助于改善传统的风险管理习惯，这反过来也是 ORSA 过程乃至整个业务运行的一个关键特征。

14. 除此之外，"向前看"的观念也很重要。随着保险公司风险状况的变化过渡到偿付能力需求的变化，一件迫切需要完成的事情是，保险公司需要根据外部特征或未来长期其业务计划来分析他们的风险状况将如何改变，这是为了能够保证增加的偿付能力需求可以满足风险状况的变化。为此，保险公司需要建立如何合适的监测和度量预期的风险状况变化。他们同样需要考虑这些变化如何影响他们的资本状况，以及他们如何获得额外的资本。

15. 通过完整的管理风险和资本，ORSA 可以帮助保险公司保证他们能够持续的满足监管资本需求，以及他们自己设定的内部资本目标。

16. ORSA 过程的最终结果对保险公司很重要，实施 ORSA 可以不帮助保险公司获得一个对风险真实可用的理解。

17. 通过 ORSA 过程，保险公司可以识别影响偿付能力需求的大事件，这非常非常重要。如果监管者发现了在 ORSA 中定义的事件，监管者不仅需要根据不足量采取行动，还要分析为什么这个事件没有被保险公司自己识别出来。

匹配性

18. ORSA 在应用时可以根据公司特点的不同而实施不同的复杂程度，业务内部风险的复杂性和范围可能根据采用的计算方法的不同而不同，有的采用简单的压力测试，有的采用很高级的方法，类似在内部模型中使用的方法。尽管保险公司使用标准的 SCR 计算公式能够获得风险的大小和复杂程度，但是设计 ORSA 过程时考虑并不需要很大程度的改变有内部模型计算出来的复杂程度，这不会被所有保险公司应用。标准公式的使用者有较为简单的风险状况就可以使用较为简单的工具来使用 ORSA。

19. 然而，我们也必须认识到 ORSA 的实施可能那些较为复杂的方法的应用，因为它要求保险公司更加关注风险和偿付能力需求之间的关系。我们可以预见，保险公司能够改善他们的能力来评价和管理风险、控制其偿付能力需求和通过引入更加先进的过程、方法和技术来提高其效率。

ORSA 的要求

20. 文章这一部分旨在解释 CEIOPS 根据框架指导法案对 ORSA 要求的看法。

21. 可以由保险公司决定如何设计其 ORSA 过程，但这必须保证 ORSA 过程符合框架指导法案中 article44 的要求，此外 ORSA 过程还需要适应风险的特点、范围和复杂性。

22. 虽然 ORSA 的实施可以外包，但是管理者也有责任遵守框架指导法案 article44 中对 ORSA 的要求，同时也要满足管理者的风险决策和与 ORSA 有关的资本管理。

23. 框架指导法案 article44 指出保险公司在决策 ORSA 过程时需要什么？"作为风险管理的一部分，每一个保险公司和再保险公司都需要进行自身的风险和偿付能力评价。评价过程至少包括以下三点：（a）适应具体风险状况的偿付能力需求、改善的风险容忍度和公司的业务战略。（b）遵守资本要求。（c）……"

24. ORSA 的目的是保证保险公司拥有强大的过程来评价和监测他们的偿付能力需求，而不是复制、生效或分析 SCR 计算的参数细节。

25. ORSA 是风险管理系统的一部分。风险管理的政策包含了关于 ORSA 过程的政策。

26. 下面的部分包含了 ORSA 的一些具体方面。

偿付能力的总需求

27. 正如前面提到的，"所有的偿付能力需求"包含了能够覆盖负债的资产，包括技术准备金、法定资本要求（SCR 和 MCR）、内部资本需求。尽管法定资本需求仅仅是由可用的资产覆盖的，资本的其他因素也需要考虑进来以覆盖保险公司的内部资本需求。

28. 此外，article44 中还提到："保险公司还要能够适当的识别和度量其短期和长期面临的风险，以及识别可能发生的事件和未来经济环境的变化，这都可能对金融状况造成不利的影响。保险公司需要证明其用于决定偿付能力状况公式。"

29. 一个保险公司不仅需要评价它现在的风险，同时还需要评价公司在未来长期内肯定会遇到的风险。这意味着公司需要一个长期方案，例如业务计划的方案、资产负债表和利润损失账户，这些应该作为公司金融计划一个关键部分。这些方案应该反馈给 ORSA，以便让保险公司对未来的偿付能力需求及其公司自有资金有一个认识。合适的资本计划应该包括资本要求计划和自有资金（例如，获得新的自有资本）。保险公司进行方案决策时需要基于合理的假设、参数、相关性和信用等级。然而，第三阶段可能提供一些小环境下指引，监管者可以从中获得 ORSA 在这方面的指引。

30. 一个保险公司也要识别和考虑外部因素，这些外部因素对偿付能力需求和自身资金会造成不利的影响。这些外部因素有：经济环境的变化、法律环境的变化、保险市场的变化、技术发展，这些事件都会对保险公司风险造成影响。

31. 当评价保险公司偿付能力需求时，保险公司还要考虑管理活动是否在不利的经济环境下也适应。对于管理活动是否能在不利的经济环境下仍然按原计划实施，这需要给予一个特殊的考虑。

32. 在 SRP 中，监管者可能还需要质疑方案的基础，保险公司也需要准备对方案的合理性和为什么选择这个方案做出解释，同时证明这里的方法和实施是合适的。

服从连续性基础

33. 保险公司有责任持有充足的可用资金来满足基于连续性基础上 MCR 和 SCR 的要求。ORSA 可能包括一个评价，比如保险公司是否在业务计划时间范围内的任何时刻都持有充足的可用自有资金。

34. CEIOPS 对连续性基础的解释是：这指的是服从，而不是被要求的评价，例如，报告不需要重新计算 SCR 和 MCR。为了保证资本需求在任何时刻都被满足，保险公司需要有一个过程，使其能够从最近一次的偿付能力计算中估计资本需求和可用自有资金水平的变化。至于多长事件进行一次这样完整的计算应该依赖资本需求和自有资金的波动以及在此基础上的偿付能力。保险公司应该能够在考虑风险状况的基础上证实其计算的频率是充足的。如果风险状况发生巨大的变化，那么必须进行一遍完整的计算，无论什么时候。

35. 对偿付能力需求的评价不仅要关注未来自有资金的需求量，还要考虑自有资金的质量，特别是需要满足资本需求以及获取更多自有资本能力。

风险状况的评价

36. 评价包括分析保险公司认定的适合自己业务需求的自有资本数量和 SCR 产生的资本要求之间的不同。

37. 为什么在内部资本需求和法定偿付能力需求之间存在不同？有以下几点原因：

a. 与计算 SCR 时依据的监管假设相比，保险公司为适应其业务目的可能使用不同的信用等级。例如，公司可能选择以风险等级为目的持有自有资金，这就意味着一个比起用于 SCR 计算时更高的信用水平。

b. 保险公司的风险状况可能和 SCR 的内含不同。例如，保险公司对某一特定风险需要的资本的评价，可能不同于对 SCR 计算参数的评价，或者保险公司的风险状况所包含的风险没有被 SCR 覆盖。

c. 在 ORSA 中，保险公司可能采对其业务计划目标设定时间节点，这也有可能和 SCR 的时间节点不同。

d. 在 ORSA 中，保险公司可能会考虑任何达成共识的管理活动，这可能影响风险状况。

38. 尽管实施 ORSA 的保险公司可能为了其业务目的使用一个信用水平或者时间节点，这些都可能与 SCR 计算时采用的不同，但这还是需要在 99.5% 的信用度水平以及一年的时间期限上重新计算，这是为了评价其风险状况和 SCR 假设的偏差。

39. 在 ORSA 中，保险公司需要使用保险公司认为能够最好地反映其风险状况的参数。

40. 保险公司使用内部模型的地方，article44 是这样阐述的："当使用内部模型时，评价和校准需要同时进行，这是将内部风险的数量转化为偿付能力资本需求的风险度量和校准。"

41. 内部模型是 ORSA 的工具。使用内部模型计算 SCR 的保险公司，ORSA 可能包括对在整个风险管理和资本需求中使用的内部模型作用的描述。保险公司需要能够证实，与保险公司风险状况相比，模型的持续的充足性。

42. 当内部模型用于计算与 SCR 标准公式的不同时间节点或不同信用水平时，ORSA 应该分别给出适应与公司内部目标和监管资本需求的内部资本需求。

ORSA 的结果

43. 如果 ORSA 的结果是内部资本需求与直接从 SCR 中获得的数量不同，那么保险公司就应该解释其原因，并且识别出影响偿付能力资本要求计算的因素。

44. 如果 ORSA 的结果是内部资本需求高于监管资本，这并不意味着保险公司将拥有高于监管要求的额外资本。监管者要考虑不同产生的原因，并在做任何决定之前与保险公司讨论他们的看法。例如，使用不同的时间节点和信用水平就不会产生额外资本。任何保险公司为了降低其风险状况可能引入的变化都要作为 ORSA 的一个结果被监管者考虑。在确定额外资本之前，监管者不仅要考虑 OR-SA 的结果还要考虑 SCR 的所有结果。额外自版本的细节在之前的 CEIOPS ISSUE PAPER 中已经提到。

45. 监管者没有被授权降低 SCR 已达到和标准公式达到一致，如果保险公司在其 ORSA 中证实 SCR 的计算过分估计了他们的风险。如果 ORSA 的结果是内部资本需求比 SCR 少，保险公司则需要考虑是否合适地建立了部分或全部的内部模型，以及为了在 SCR 中使用寻找监管的改善。

46. article44 这样陈述：自我风险和偿付能力评价可能是公司业务战略中的一个完整的部分，应该被考虑为公司战略决策未来的基础。

47. 作为公司整体战略的一个完整的部分，保险公司被要求对内部资本需求和所有的风险（如承保风险、信用风险、市场风险、流动性风险和操作风险）需要有自己的战略，同时也需要有合适的政策来稀释或转移这些风险（比如再保险和衍生工具）。这些措施要一起使用来管理和适应偿付能力需求。ORSA 和业务战略相互影响。当实施 ORSA 时，保险公司需要考虑业务战略和任何影响风险和偿付能力需求的战略决策。反之，管理者需要认识到战略决策对风险和偿付能力需求的内含，并且考虑这些影响是否明显和可以控制。在决策实施之前，任何可能影响风险和自有资本水平的战略决策都要在 ORSA 中被考虑。

ORSA 的频率

48. article44 中这样阐述：保险公司和再保险公司需要经常履行评价，并且，在任何重大风险状况改变的时候不能有任何拖延。

49. CEIOPS 将"经常"解释至少每年一次。ORSA 同样可能需要在这个期限内履行，如果一个保险公司的风险和偿付能力状况发生改变，这将影响 ORSA 的结论，保险公司必须意识到这一点。保险公司在考虑其风险状况的基础上应该建立自己的评价频率。这需要证实评价频率是充足的。

ORSA 结果对监管的信息

50. article44 这样阐述：保险公司和再保险公司需要通知监管者他们评价风险和偿付能力的结果，作为信息报告的一部分。

51. 关于 ORSA 过程的信息和 ORSA 的结果同样都是能够被使用的监管工具，和监管报告的其他条目一样，作为 SRP 的一部分，可以帮助监管者：（a）评价保险公司评价其自什么偿付能力需求的能力；（b）更好地理解保险公司已经面临的或可能面临的风险。

52. CEIOPS 会给出第二阶段和第三阶段监管者如何报告 ORSA。

ORSA 原则和对保险公司的指引

53. 这篇文章包含了试验的 ORSA 原则和指引。

54. 原则可能用适应于公司特点、范围和保险公司活动的复杂程度的合适的方式实施。

原则

55. 保险公司应该考虑以下原则：

A. ORSA 是保险公司的责任，并且应该经常审查，并由保险公司的管理者改进。

B. ORSA 可能包含所有的风险，这些风险可能对保险公司履行保单义务的能力产生影响。

C. ORSA 应该基于充分的度量和评价过程，并形成一个管理过程和保险公司框架决策的完整部分。

D. ORSA 应该向前看，考虑保险公司的业务计划和方案。

E. ORSA 过程和结果应该被合理地证明、在内部报告并独立地评价。

指引

56. 以下是对上面定义的原则进行更详细地解释和指引。这些并不是强制性的要求，但是保险公司还是需要仔细考虑是否全部或部分地将这些要求应用到他们的具体情况中。

A. ORSA 是保险公司的责任，并且应该经常审查，并由保险公司的管理者改进。

57. 保险公司的经营者或管理者应该改善并定时检查他们的假设，包括所有管理活动，和应用于 ORSA 中的参数，而且还要对最后的结果签字，因为他们对 ORSA 的充足性负有最终的责任。

58. 由于 ORSA 应该形成业务战略的一个完整部分，而且要被考虑到未来公司战略的基础中，所以经营者和管理者必须都有效地加入到 ORSA 的质疑和检查中。

59. 当实施预期的管理活动时，保险公司要理解实施这些活动的内含，包括其金融影响，并且要考虑所有可能影响管理活动价值的前提条件，比如风险冲抵。这些评价同样要考虑所有管理活动如何在金融紧张的时期实施。

60. ORSA 可以实施在评价过程中假设的所有管理活动的细节，不仅要解释和证实这些活动，还要提供他们的影响评价，例如，对关键的管理活动进行敏感性测试。

61. ORSA 还要考虑风险态度或者可信度水平，这些保险公司将用于设定内部目标，如公司如何实现股东利益。可信度水平可能和 SCR 的法定可信度水平不同。

B. ORSA 可能包含所有的风险，这些风险可能对保险公司履行保单义务的能力产生影响。

62. 保险公司的 ORSA 应该考虑所有风险，这些风险可能导致自有资金水平或者对保单持有人保护的降低。保险公司应该对风险给予应有的考虑，包括对 SCR 的计算，还有在 SCR 中没有涉及或者没有完全涉及的风险。需要考虑的问题至少包括：承保风险、市场风险、信用风险和操作风险，还有其他风险。还要考虑其他风险冲抵技术的影响，包括再保险，风险多样化影响（相关性），责任准备金的实际损失吸收能力和延期的税收。

63. 保险公司的 ORSA 应该包括对保险公司治理系统的充足性评价，并考虑可能由于不充足或不充分带来的风险。

64. 在未来的基础上，保险公司应该获得所有层次上现在的和将来的风险、操作过程和功能区的信息。风险的系统性识别包括一个早期的和定时的认识，对可能对保险公司风险状况造成影响的重要因素的报告，对可能的风险联系和相关性风险因素信息的收集。

65. ORSA 可能设置一个假设，这个假设被保险公司用于评价和总结风险。这里的假设不同于 SCR 中的假设，他们之前的区别和原因可以清晰地被识别出。

66. 作为度量风险的一个结果，这些风险和 SCR 中的假设并不一致，其改善的内部公式中，也可以清晰地区别开。

67. SCR 和保险公司实际风险状况之间的风险可以分为两大方面：标准公式中没有考虑到的风险和没有被标准公式完全覆盖的风险。这两方面 ORSA 都要涉及。

68. 下面这几个风险就是没有在标准公式里考虑到的，但是要在 ORSA 中考虑，如流动性风险、声誉风险、战略风险。

69. 下文要考虑的是 SCR 和保险公司实际风险状况之间的区别，应该在 ORSA 中解释它们如何被解释以及为什么它们不相干。这一点并不是多余的，保险公司应该在 ORSA 中识别所有相关的部分。

70. 保险公司具有特殊的资产和负债的风险特征，例如，在标准公式的环境下，非寿险公司的准备金风险是只针对保险公司非寿险业务的具体特征的（这会受到具体的产品销售、保险公司销售政策等因素影响）。

71. 另外一个标准公式不充分的例子：保险公司会更多地关注一个或多个风险因素（例如，同一地区的财产保险或寿险更多的是卖给虚弱的群体，对保险公司而言，这是由于弱的承保或不利的选择）。另外，一个利基者的风险暴露可能和标准公式刻画的非常不同。当然，这些情况可以用具体参数来减轻。

72. 不同风险之间的复杂关系产生了风险的相关性。最明显的就是非寿险承保风险和信用风险之间的关系。导致保险损失增加的环境，会导致再保险的增加，反过来又可能会对再保险公司的信用水平造成负面影响。

73. 另外一个值得关注的例子是承保风险和市场风险。一个不合适的投资策略可能造成公司在增加赔付的同时增加了投资损失（通过持有债券或股票），如果索赔的原因影响投资价值的话。

74. 如果保险公司采用系统和控制来分散风险，那么保险公司就需要在压力测试中考虑这些系统和控制的有效性。

C. ORSA 应该基于充分的度量和评价过程，并形成一个管理过程和保险公司框架决策的完整部分。

75. ORSA 应该权衡它的复杂程度、深度、范围和保险业务的复杂程度。

76. ORSA 应该：（a）反映所有资产和负债，包括组织内部安排；（b）考虑资产负债表的条款，对保险公司补充的自有资金；（c）反映保险公司的管理实践、系统和控制；（d）使用和评价一致的价值基础。

77. 保险公司需要解释和证实：（a）使用在每一个风险类别评价中的方法论和关键的假设；（b）评价的结果，包括对所有假设结果的敏感性；（c）所采用的评价和建模方法的合适性，包括如何捕捉业务中的所有风险；（d）用于 ORSA 中的数据基础、系统和控制；（e）处理参数不确定性和波动的方法。

78. ORSA 应该包含对自有资金的定性的和定量的评价，包含金融压力情况的可以预见的变化。

79. 保险公司的自有资金一般情况被限制在其自有资源里。保险公司可以直接控制的外部资源仅限于它有权利号召这些资源和提供者对提供资源有不可撤销的义务。

80. 尽管采用和 Solvency Ⅱ 的原则一样的评价基础很实用，但保险公司也可以自己决定评价基础用于其 ORSA。因此，这可能与用于 SCR 计算目的的要求不同。

81. 保险公司可以广泛地融合用于 ORSA 中的资产负债表条目中的关键部分和相应的金融状况。

82. 保险公司还需要解释 ORSA 与账户和金融资产度量之间的不同。

83. ORSA 的结果和在其过程中获得的观点应该考虑到战略制定、自有资金的分配、产品发展、公司治理和保险公司的决策制定中。

D. ORSA 应该向前看，考虑保险公司的业务计划和方案。

84. 评价需要同时反映保险公司履行其业务目标的愿望和公司履行对保单持有人责任的义务。这意味着，ORSA 应该证明保险公司持有充分的金融资源，使其能够实施计划中的投资和开拓新业务。

85. 保险公司应该以一个合理的概率水平考虑公司可能在未来遭遇的所有风险，不仅是内部因素，包括业务计划的改变，还有外部因素，包括对金融条件产生负面影响或破坏性影响的可能事件。

E. ORSA 过程和结果应该被合理地证明、在内部报告并独立地评价。

86. 保险公司应该描述 ORSA 如何被使用到业务的管理中。特别是，保险公司应该评价 ORSA 嵌入公司战略、操作和风险管理过程的程度。

87. 文件至少应该包括：（a）ORSA 中包含的区域的描述；（b）ORSA 指导过程的描述，涉及 ORSA 过程中的关键人物的责任；（c）压力测试及其结果；（d）所有偿付能力数量和保险公司的金融条件，管理者的签字；（e）当需要时发起额外自有资本的战略；（f）独立评价的描述和最终评价的结果；（g）内部报告的频率和结果。

88. 保险公司应该保障 ORSA 能够被监管者容易地检查，作为 SRP 的一部分。文件应该很容易被监管者分享。

89. 管理者应该保证，定期评价 ORSA 过程的工作应该由一个特别指定的人来完成，这个人不在 ORSA 过程里承担义务，因此是独立于整个评价过程的。评价应该由内部和外部的稽核员、或者其他内部或外部函数来完成，只要他们是独立于评价工作的。独立评价的结果应该报告给管理者，以供需要时使用这些信息。

附录四　保险业系统性风险的精算分析

关于"金融系统性风险"的定义，目前比较权威的版本是由国际货币基金组织（IMF）、金融稳定理事会（Financial Stability Board，FSB）和巴塞尔委员会（BIS）联合于 2009 年 10 月在其向 G20 集团提交的一份报告中给出的。按照该定义，（金融）系统性风险是指由系统内部的主要部件所发生的故障（称为系统事故）导致的、并将对整个经济体系产生严重的负面影响的系统运行故障。

这份联合报告中还设定了判断金融机构是否具有系统性风险的三条准则：规模（size）、关联性（interconnectedness）和不可替代性（lack of substitutability）。

在保险业，国际保险监督官协会（IAIS）也认可上述报告中关于系统性风险的定义，并进一步建议在上述三条判别准则基础上再加上一条"时效性"（timing）准则，即需要考虑一家机构虽然发生了重大风险，但由于其传递到其他机构和整个系统的时间缓冲较长，其影响也许能够被系统所消化或弱化。典型事例如"9·11"事件，虽然保险业因此受到重创，但保险业的赔付损失并非在第一时间立即支出，而是在一个 2 年以上的过程中逐渐完成的，并未引发金融系统性风险。

基于上述四条判别准则，国际保险业的"智库机构"——日内瓦协会（Geneva Association，GA）的系统性风险工作组（Systemic Risk Working Group）研究了保险业与金融系统稳定之间的关系，并于 2011 年 3 月发布了一份研究报告。与此同步，国际保险监督官协会（IAIS）曾于 2010 年 6 月 4 日发表过一份与维护金融稳定有关的立场报告（Position Statement on Key Financial Stability Issues），结论与日内瓦协会（GA）的类似，主要包括以下四点：

（1）保险业对于由其他金融行业引起的系统性风险比较敏感，但尚无证据显示保险业会引发或放大其风险至金融行业或整个经济体系。

（2）保险公司可能通过股市等渠道放大风险，但这种风险可控。

（3）对金融控股集团的某些特殊保险活动（如财务担保活动）缺乏监管，可能引发或放大系统性风险，成为导致集团之间甚至行业之间的风险传导工具。

（4）通过保险产品、市场以及集团化运作模式，大型保险机构引发系统性风险的可能性在增加，IAIS 正在设法应对。

以上进程回顾表明，关于"系统性风险"的定义及其相应的判别准则，对于金融各领域中研究和防范系统性风险起到了引领和指导作用。保险业正是基于国际货币基金组织（IMF）、金融稳定理事会（FSB）和巴塞尔委员会（BIS）在其联合报告中给出的定义和判别准则，得出了相对乐观的研究结论，认为保险业不大可能引发或放大金融系统性风险。

本书则认为，无论是学术界还是实务界，对于"系统性风险"，包括对更为基本的"风险"这个概念本身的认识，还不够深刻和全面，尤其是对于系统性风险的形成和演变规律还缺乏完整的理解，这本身就可能误导关于系统性风险的研究方向，甚至引发系统性风险。

对于国际货币基金组织（IMF）、金融稳定理事会（FSB）和巴塞尔委员会（BIS）联合给出的"系统性风险"的定义，我们首先需要考虑定义者的"立场"和"视角"。FSB，IMF 和 BIS（2009）的定义将系统性风险的主要原因归咎于系统性重要金融机构（SIFI）发生的故障，这导致对系统性风险的研究都是在设置各种各样的标准和参数来对 SIFI 的风险进行早期预警。但是，作为金融服务业或金融市场的制度设计者、政策制定者或监管者，不能将自己置身于"系统性风险"的"系统"之外、以俯视的角度并仅仅关注金融系统中的金融机构是否会发生并重创整个系统的所谓系统事件（systemic event）或重大风险，而应该将这套系统的"制度设计者"、"政策制定者"或"监管者"也纳入这一系统内部，至少与其他商业金融机构一样，都是维持这套系统运作的主要参与者（main stakeholder），正是这些主要参与者的决策行为及其相互作用，并在一些外在因素的驱使下，发生了危及系统正常运行的重大事件，称为系统性风险。

如果一套系统中的任何主要参与者之一，将自身置身系统之外，只关注其他参与者的行为或业务是否会引发系统性风险，那就是只看到他人的风险，看不到自身的风险，对系统性风险的认知就是偏颇的，应对系统性风险的策略也恐怕很难达到预期效果。

基于这样的判断，本书试图重新审视"金融系统性风险"的定义和判别准则，重新审视发生"金融系统性风险"的内在规律，包括导致系统性风险的外因和内因，以及外因如何通过内因相互作用，形成导致系统崩溃的过程。特别地，本书将以保险系统或保险市场为主要研究对象或参照，研究其系统性风险的形成机制或特征，并探讨如何借鉴精算方法对其进行研究。

对"风险"和"系统性风险"的重新审视

（一）重新定义系统性风险

"系统性风险"是相对于"个体风险"（individual risk）而言的，都基于"风险"这个更为基础的概念。但是，人们对于"风险"这个基本概念的认知，却一直处于不断深化和进步的过程中。最恰当的证据，莫过于比较国际标准化组织（ISO）在其"风险管理术语标准"（Guide 73：Risk Management – Vocabulary）中关于"风险"定义的两个不同年代版本。

在 2002 年版的术语标准中，ISO 将风险定义为"某事件发生的概率与事件所产生后果的合成效应"（the combination of the probability of an event and its consequences）。这一定义的显著特点之一，就是没有强调"风险"的行为主体（owner）是谁？亦即是上文所提及的，不具体去分辨究竟是"谁"的风险，这样一来，研究者往往只谈论他人的风险，而不在意自己的风险。

在 2009 年版本中，ISO 将风险定义为"关于目标的不确定效应"（effect of uncertainty on objectives）。与 2002 版本相比较，这一定义强调了需要参照"目标"来定义风险，这就暗含了风险的行为主体，因为所提及的"目标"，应该是指特定行为主体的目标。虽然 ISO 2009 版本定义中并没有明确给出究竟是"谁"的目标，但由于该术语标准是专门针对单一实体（person or organization）的，可以将其理解为一个公司或专门机构，即全面风险管理"ERM"中的"E—Enterprise"。

如果按照上述思路和模式来定义系统性风险，所参照的"目标"是"谁"的目标呢？本书认为，这一问题完全平行于博弈论中的"单人博弈"和"多人博弈"模型。"单人博弈"模型中只有一个决策者，适用于决策理论模型，亦即，可以将全面风险管理（ERM）中的"E"看作是一个单一决策者。而"多人博弈"模型则适用于定义"系统性风险"时需要参照的"目标"，亦即，一个系统的目标是该由系统内部主要参与者（Stakeholders）进行博弈的结果，或者叫做一局博弈的解。以研究"金融系统性风险"为例，对某一特点金融系统或特点金融服务市场来说，其典型目标可能是"系统平稳运行"、"公众对该系统有信心"、"公平、公正、透明"等，这些系统目标的确定，是该系统内部主要参与者相互博弈的结果，任何参与者都不能将自己置身事外。

明确了参照系统的目标后，另一个需要强调的特征是"系统"的相对性。当我们谈论"金融系统性风险"时，心目中往往可能专门指自己所在国家的整个金融服务体系或金融市场这个系统。往外部或大处看，是这个国家的整个社会经济体系，或与国家有经济金融关联的跨国系统；往内部或往小处看，这个国家的金融服务系统再分为银行、证券、保险等子系统；在保险系统内，还可以进一步分为寿险系统、非寿险系统、保险中介服务系统等，甚至还可以将一个系统中的一家机构也看作一个运作系统，事实上，对于一家商业金融机构或公司来说，其经营目标也是经过公司投资人、管理者包括客户各自目标的协商结果。总之，系统性风险的参照"系统"是相对的，一个特定系统可以由多个"子系统"组成，各"子系统"之间可能是交叉和关联的。

　　所以，研究系统性风险时，首先应该明确将某一特定系统作为参照，并明确界定该参照系统的运行目标，然后再分析该系统偏离其运行目标的重大偏差，以及该偏差向更大系统的传导效应。

　　基于以上分析，本书重新定义"系统性风险"如下：

　　系统性风险是指：（1）相对于某一具体的风险主体和具有明确边界的参照系统而言。（2）系统性风险与个别风险一样，其发生过程遵循"外因诱发内因"的普遍规律。（3）直接结果是指系统运行偏离预期目标的严重故障，间接结果是指其故障传导至更大系统的效应。

　　以上系统性风险的定义包含三个重要因素。

　　（1）外部不确定因素（或者不确定的自然状态）影响主要风险主体设置系统目标（或者系统运行目标）。理论上，系统的风险主体主要包括系统的设计者、监管者和市场参与者。但是，在一些新兴市场或国家，政府监管这就是主要的风险主体。

　　（2）系统运行的目标会影响风险主体和监管者设定监管政策以及实施政策的行为。不切实际的目标通常只会导致不切实际的监管政策。

　　（3）外部不确定因素通常是动态的，随时随刻都处于变化之中。因此，它将持续影响监管政策的实施过程。当监管者实施策略时，可能会遭遇不曾预料到的外部因素，这也将导致意外的后果以及系统故障。

　　这个定义实际上对系统性风险形成过程的一个描述，它包含了系统性风险的形成机制。相比 FSB，IMF 和 BIS（2009）的定义，本书提出的定义能够引导专家学者，包括精算工作者，以一种更具有框架性的方式研究系统性风险。

　　按照这个思路，单一风险和系统性风险的定义并无本质差别，相当于将 ERM 中的"enterprise"替换为"system"。差别仅在于：

　　（1）单一行为主体的决策目标变成了系统的运行目标。

　　（2）单一行为主体的决策行为变成了系统内部主要参与者各自的决策行为及其相互影响。

　　（3）不仅要考虑系统运行后果偏离系统目标的负面效应，还要考虑它对更大系统的传导效应。

　　（二）风险构成层次、参照系统和风险主体

　　正如上文中阐述的那样，研究系统性风险之前需要识别参照系统和系统中主要的决策者。为了研究中国保险市场的系统性风险，我首先需要识别一些更大或是更小的参照系统以及相应的风险主体。

　　图 1 描述了中国金融市场的组织结构，其中，保险业只是金融系统中的一个子系统，但同时金融系统又只是整个中国社会经济系统的一个子系统。

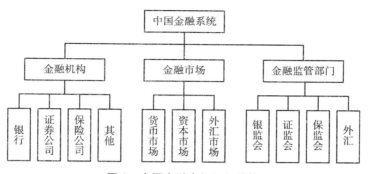

图1　中国金融市场组织结构

图2描述了中国金融系统中政府管理者和金融监管者的组织结构。不同于其他国家或经济系统，在中国，政策制定者和政策实施者的权利相对更加集中于国务院。

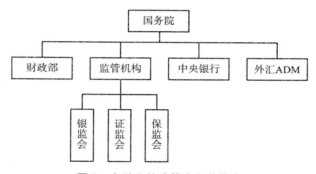

图2　金融业的决策者和监管者

由图1和图2中提供的背景信息，从最大的参照系统到最小的参照系统，可以识别出以下五个参照系统，如表1所示。

表1　　　　　　　　　　　　　　风险参照系统和风险主体

参照系统	风险主体（决策者）
经济和社会	政府
金融服务业	政府金融管理部门
保险业	监管（主管者）
保险公司	董事会/CEO
保险公司的业务线	业务主管

在中国，最大的系统是中国的经济社会，在经济社会系统下包含着金融服务系统，这是第二大系统。本书关注的系统是第三大系统—中国保险业。需要再一次强调，本书研究的是中国保险业的系统性风险，不是中国社会经济系统的，更不是全球系统的。

在对参照系统和子系统进行分类之后，我们还需要识别每一个参照系统中的风险主体。如表1所示，中国社会经济系统的风险主体是国务院。事实上，国务院也是中国金融服务业的只要决策者。考虑到中国金融系统构造的复杂性，我们列出一些这个系统中其他的主要风险主体，例如，财政部，人民银行，银监会（CBRC），证监会（CSBC）和保监会（CIRC）。对中国保险业这个系统来讲，风险主体是中国保监会（CIRC），它同时承担监管者和行业管理者的角色。在中国保险业这个参照系统下，我们可以将保险公司看作是中国保险业的一部分或者是一个子系统，甚至可以将一个公司内部的某一特殊业务线作为最小的系统。

（三）系统性风险的形成机制

正如前文中分析的那样，在识别风险结构的层次和相应的风险主体时，系统性风险和单一风险在定义和形成机制上并没有结构上的不同。

如图3所示的风险形成机制图，风险（系统性风险或者单一风险）都是由外部因素和风险主体的内部行为决定的。以中国保险业为例，由监管者（保监会）负责设计系统目标。系统目标是图2所示的形成机制框架中第一个关键因素。从理论上讲，系统目标是一个多个市场参与者博弈后的平衡结果，但是在我国情况则比较特殊。事实上，制定这些目标（记作 o_1，o_2，$\cdots$，o_n）的过程都是由国务院来监督和控制的，同时他们的判断也受到很多外部不确定因素的严重影响。在制定好系统目标之后，保监会（CIRC）需要制定并实施一系列监管政策（记作 r_1，r_2，$\cdots$，r_n）。当所有市场参与者都实施这些监管政策后，他们受到不确定因素的影响（记作 s_1，s_2，$\cdots$，s_n）将产生一个合成效应，从而导致一个偏离系统

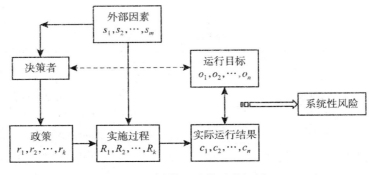

图3　系统性风险的形成机制

目标的后果（记作 c_1，c_2，$\cdots$，c_n）。如果系统目标和实际结果之间的偏差（$|o_i - c_i|$）足够大，这将会导致系统运行故障，即发生了（中国保险业的）系统性风险。

总之，在风险的形成过程中，外部因素影响决策者，进而影响决策者制定系统运行目标；系统运行目标反过来又会影响决策者，进而影响决策者制定策略；在实施策略的过程中，外部因素又会对实施过程造成干扰，从而导致实际运行结果偏离系统运行目标；当实际运行结果和系统运行目标之间出现重大偏差时，便形成了系统性风险。

上述定义不仅揭示了风险的形成机制，还揭示了风险的动态特征，这也是由于外部不确定因素对风险主体的影响过程决定的。在 t_0 时刻，外部因素 $S(t_0)$ 影响决策者制定预期目标 O_i；在 t_1 时刻，$S(t_1)$ 影响决策者制定策略 D_j；在 t_2 时刻，$S(t_2)$ 影响决策实施过程。直观表述如图 4 所示。

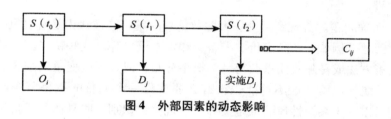

图 4　外部因素的动态影响

系统性风险的精算分析原理

在以上系统性风险形成机制的分析基础上，可以得到以下系统性风险的精算分析原理，如图 5 所示。其中包含了以下五个要素构成：职业化、外部环境、明确问题、解决方案和实时监控。

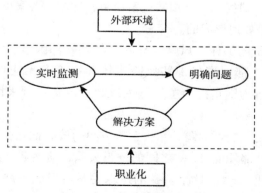

图 5　系统性风险的精算分析原理

（1）职业化。这是对每一个精算从业人员最基本的要求。研究系统性风险时，精算师的角色是代表公众的利益，精算师的立场独立于参照系统，是站在外部的角度上客观分析保险业的系统性风险，这也是反映精算师职业化的最好证明。

（2）外部环境。以研究系统性风险为目的，精算师需要理解目标系统和更大系统之间的基本关系。例如，要研究中国保险业的系统性风险，精算师必须了解保监会、其他政府决策者以及国务院之间的联系和组织间的相互作用。不仅如此，精算师还必须了解这些更高层面上的决策如何影响保监会设置中国保险业的系统目标。当然，精算师对整个系统的运作机制、系统的主要参与者以及系统目标也需要非常清楚，外部环境无时无刻不在影响系统参与者的行为，从而导致最终系统运行的结果偏离事先制定的系统目标。还需要特别注意的一点是，外部环境总是处在不断的变化中，因此它对系统内部行为的影响是一个动态的过程。

（3）明确问题。传统意义上，大多数精算问题可能被认为是解决风险评估或风险度量问题，例如，产品定价、准备金和资本设置等。这些精算问题的核心在于通过决策方法或是随机模型获得一个概率分布，或是相应变量的损失分布。然而，对于系统性风险，这不可能也没有必要获得一个完整的概率分布或损失分布。我们可以基于系统性风险的定义和形成规律，识别一些具体的或最终的决策后果，以此来描述参照系统的波动。

因此，研究系统性风险时，精算分析原理的目标问题是，识别那些决策结果（c_i），它们负向偏离了系统目标（o_i），造成系统波动的重大波动，从而形成了系统性风险。为了简化起见，我们可以将上述目标描述为："识别 i, $s.t.$ $\sum_i |o_i - c_i|$ 导致系统严重故障或崩溃"。

（4）解决方案。研究系统性风险，解决目标问题的答案就是要找到那些负面的决策结果（c_i）是如何形成的。

正如上文中分析的那样，风险的形成机制是外部因素和内部人员决策行为共同作用的结果。外部因素指那些风险主体和决策者无法控制的不确定因素（s_j），而内部人员行为则是指为了达到系统目标（o_i）所采取的策略或是监管政策（r_k）。

对中国保险业的系统性风险，精算解决方案的核心就是要分析和找到相关的监管政策（r_k）和外部环境（s_j）之间的逻辑关系，这两者共同作用将会形成上文中提到的负面结果（c_i）。这个特殊的逻辑关系或形成机制可能不能以一个显性公式表达出来，但我们可以把它记作 $s_i \otimes r_j \rightarrow c_{ij}$。因此解决方案是："识别 i,

找到函数 f, $s.t. f(s_i, r_j) = c_{ij}$"。

（5）实时监控。由于外部因素或自然不确定因素（s_j）都是动态的并且随时随刻都在不断变化中，因此，外部因素或自然不确定因素对设置系统目标造成的相应影响，以及对风险主体制定和实施监管策略的相应影响也是在不断变化中的。所以，精算师很自然地就需要对外部因素的变化（s_j）和实施过程（r_k）的变化进行定性或是定量的监控。我们这里将这个过程表示为："对所有的 i，监控（s_j），（r_k）和 $|o_i - c_i|$"。

通过对以上系统性风险精算分析框架中五点要素的分析，可以得到一张更为具体的系统性风险精算分析框架，如图6所示。

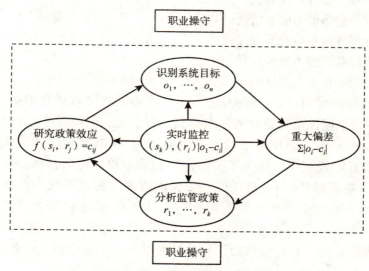

图6　保险业系统性风险的精算分析框架

为了应用这个方案，我们将上述精算分析原理分解为以下五个步骤，如表2

表2　　　　　　　　　　　　系统性风险的精算分析步骤

步骤1	识别系统目标，记作 $(o_1, o_2, \cdots, o_n)$
步骤2	识别相应于系统目标、可能导致系统运行故障的实际运行后果，记作 $(c_1, c_2, \cdots, c_n)$
步骤3	识别并评估针对系统目标的系统运行策略或规定，记作 $(R_1, R_2, \cdots, R_k)$
步骤4	研究 $f(s_i, r_j) = c_{ij}$
步骤5	实时监控 (S_k)，(R_i) 和 $|o_i - c_i|$

所示。由于我们非常强调并且一开始分析就是识别系统性风险，因此，我们称这个方法为"系统性风险的目标导向性研究方法"。

应用

在《保险法》（2009）第一条中就指出，中国保险业的目标是"保护保险活动当事人的合法权益，加强对保险业的监督管理，维护社会经济秩序和社会公共利益，促进保险事业的健康发展。"2011年8月，保监会颁布《中国保险业发展"十二五"（2011—2015）规划纲要》，其中将《保险法》中提出的总目标分解为五个更加具体的分目标，分别是：

O_1：实现平稳较快发展；

O_2：综合竞争能力明显增强；

O_3：功能作用得以充分发挥；

O_4：风险防范能力显著提升；

O_5：社会公信力显著增强。

在保监会的规划中，目标O_1近一步描述为一些可以量化的指标，例如，到2015年，全国保险保费收入争取达到3万亿元。保险深度达到5%，保险密度达到2100元/人。保险业总资产争取达到10万亿元。对于其他四个目标，"十二五"规划中也给出了一些定性的或是描述性的目标。在以上五个目标中，不难理解目标O_5是任何一个保险市场或保险系统中最核心最高级的目标，而其他四个目标实际上都是在为目标O_5服务。因此，我们首先分析O_5。

中国保险业的"社会公信力"目标分为以下三个分目标，分别记作为o_{51}、o_{52}和o_{53}。

o_{51}：在中国保险市场，消费者愿意相信和购买保险商品。

o_{52}：在中国保险市场，投资者愿意投资更多的资本在保险业。

o_{53}：在中国保险市场，有更多优秀青年愿意从事保险业。

为了进行下一步分析，可以将o_{51}、o_{52}和o_{53}分解为更小的目标，使得更小的目标有利于进行定量分析。但是，本书采用另外一种分析思路，即采用目标o_{51}、o_{52}和o_{53}的负面后果c_{51}、c_{52}和c_{53}来进行分析。

c_{51}：在中国保险市场，消费者不愿意相信购买保险商品。

c_{52}：在中国保险市场，投资者不愿意投资更多的资本在保险业。

c_{53}：在中国保险市场，优秀年轻人不愿意从事保险事业。

如果$|c_{51}-o_{51}|+|c_{52}-o_{52}|+|c_{53}-o_{53}|$的合成效应足够大，那么就会造成中国保险市场的波动，从而导致中国保险业发生系统性风险。因此，精算师接下来

的任务就是找到导致 c_{51}、c_{52} 和 c_{53} 发生的机制或原因。为了达到这个目的，我们可以尝试回答以下三个问题：

问题 1：为什么或者在什么情况下消费者可能拒绝购买保险？

问题 2：为什么或者在什么情况下投资者可能撤回或者不再投资更多的资本在中国保险市场？

问题 3：为什么或者在什么情况下优秀的年轻人不愿意从事保险事业？

为了分析监管政策或监管决策，我们可以逐一分析与上述答案相关的一些主要因素，例如，某些保险公司涉嫌销售误导，保险业投资收益不高、投资力度减缓，保险业经营成本不断上升，法律监管不健全不完善，银保业务发展缓慢，等等。

另一方面，作为实现目标 o_4 的相应政策的一个具体实例，我们可以考虑保监会关于建立其偿付能力监管制度体系的一个重要规划。

2012 年 3 月 29 日，中国保监会发布《中国第二代偿付能力监管制度体系规划》提出要用三至五年时间，形成一套既与国际接轨、又与我国保险业发展阶段相适应的偿付能力监管制度体系。

采用本书推荐的方法，首先考虑负向偏离目标 o_4 的结果 c_4；其次找出可能导致 c_4 的原因，即分析 r_4 是否会诱发中国保险市场发生系统性风险。

按照以上的分析方法，我们可以考虑以下一些具体因素，例如：

c_{41}：中国第二代偿付能力监管制度体系，受到欧盟 Solvency Ⅱ 和美国 RBC 的影响很大，并且很大程度上与两者相似，因此在技术上似乎过于高级甚至难以进行实际操作。然而，这个模型大多数的使用者都是保险公司的高级管理人员或者是监管者，他们通常并不精通精算知识和精算模型。因此，新一代偿付能力监管制度体系的应用可能会伤害到风险管理、市场透明度及相互交流等工作的核心。

c_{42}：中国第二代偿付能力监管制度体系采用"按市值计价"（mark to market）作为其量化体系，就像中国财政部从 2007 年开始采用 IASB 的公允价值会计准则一样。然而，现在的问题是还不存在能够使用的"市场价值"。为了适应新政策的监管要求，保险公司需要改变其产品结构，这将导致保险产品越来越像金融产品，同时保险公司还需要改变其投资计划，这将要求保险公司投资更加短期产品或者变现能力较强的资产。这些都将严重增加保险公司面临各种有悖于目标 o_4 的风险的可能性。

c_{43}：中国第二代偿付能力监管制度体系遵循和欧盟 Solvency Ⅱ 一样的"原则导向"的规则。然而，大多数被监管的公司和它们的管理者都发现，在实际操作中，这并没有更为细致的规则可以使用。因此，新的制度实际上是给市场参与者更大的自由空间去编写和报告他们的经营业绩。

还有很多更为负面的后果，例如，在新的偿付能力监管制度体系下，房屋和设备的费用有可能会增加，等等。精算师应该更进一步地分析法规决策中各种不同的细节和其中所暗含的内容。

另外，中国精算师必须从一开始就对第二代偿付能力监管制度体系的操作过程进行实时的监控。

附录五　Müller 报告中关于风险的分类

（一）技术风险
（A）现有风险
定价不足风险（计算错误）
这里指有意的、无意的或故意的风险，比如缺乏专业知识，保费收入过低。由于这类风险非常重要，因此把它列为技术风险中的第一类风险。但是需要注意的是，想要不和其他风险重叠地定义这个风险非常困难。如果计算错误是故意的，那么这个风险可以被考虑为一种管理风险。如果尽管负责的评级已经考虑了所有可用的信息，这就是一种偏离风险（Deviation Risk）。 　　在金融监管环境中，监管者要考虑保险公司的董事会是否聘用一个精明的精算师勤奋地在计算保险费。在这方面，监管者也可能参与精算师或其他专家监测保费计算。 　　在寿险公司中，保费的计算必须和寿险第三指令的第9条要求相适应，例如，这必须保证保费是充足的，使得所有负债都能满足，尤其是可以建立起充足的技术准备金。在寿险公司中，监管者使用第29条中提供的概率，例如，询问应用与计算保费的基础。 　　定价不足风险还可能被合同的保费调整条款限制。
偏离风险（风险因素严重改变）
作为一种技术风险，偏离风险是很大一类。无论是寿险公司还是非寿险公司，偏离风险指的是由于影响风险的因素发生变化（如死亡率和发病率变化，医疗方案，法规、犯罪、价格和工作水平、退保概率、利率下降等），而使得与实际索赔的频率和严重程度、利息收入和计算的管理成本偏离的风险。此外，也包括由完全新的产品的引入而引起的风险。这些风险会在现有的和新的事业以及对已知和未知的市场遇到。 　　寿险公司、健康险公司中的偏离风险是比较类似的，但意外保险公司的偏离风险有一些地方会限制其选择计算保费和技术准备金的基础（死亡率表、技术利率、额外费用等）。 　　偏离风险可以充分地考虑到保险的所有类别中，包括保险合同中保费或收益的调整条款，资产组合，充分的再保险，准备金的安全边际。考虑到和新产品相关的风险，保费调整的概率等。如果一个产品已经在一些具体的市场中被知晓，市场统计数据的使用会降低偏离风险。考虑到建立过程中的承保，充足的资金同样可以降低偏离风险的影响。
评估风险（与技术准备金有关）
评估风险被描述为一种技术准备金不足以应对保险合同下的负债的风险。 　　具体的评估风险基础在寿险第一指令第17条，非寿险第一指令第15条。
再保风险（再保不充分，再保险人支付失败）
再保风险是指再保险人不支付和再保险质量不好的风险。因此，这类风险也可以被划分在非技术风险中。 　　可以通过储蓄或选择多家再保险公司来应对再保险公司的不支付风险。然而，原保险公司对再保险公司的责任和永久的控制、改善的原保险公司和再保险公司之间的信息流以及避免再保险公司质量差所采取的方式，这些仍然不可缺少。由各自的监管者对再保险公司进行直接监管和间接监管同样可以很大程度上降低潜在的风险。

操作费用风险
寿险公司中的操作费用风险是指包含在保费收入中的费用数量不足以支持所有实际的未来费用。除了寿险公司，这类风险还发生在非寿险公司中，这时操作费用风险会导致经营所谓长尾业务的小型公司破产。操作费用风险尤其是和现存的资产组合流失的情况相关。 　　决定操作费用风险的先决条件是年度账户中对具体操作费用的公开。操作费用风险可以通过增加的数学准备金或建立独立的管理费用准备金来控制。然而，一些国家禁止这类独立的成本准备金。另一个预防方法是合同保费调整的概率。对于建立过程中的业务，充分的资金可以控制这类风险。
主要损失风险（非寿险）
非寿险的主要损失风险反应保险承保暴露在巨大损失的规模和数量下的潜在风险。 　　有效地限制主要损失风险的方法是建立独立的技术准备金和充分的再保险。
集聚或巨灾风险
集聚或巨灾风险描述的是由单一事件（地震、暴风等）导致的损失集聚的风险。 　　如果在保险合同中保险人没有采用限制或完全除外的方式将这类风险排除在保险范围之外，合适的预防方式是建立独立的技术准备金，和充分的再保险。保险合同协议要求保单持有人采取预防措施同样是可行的，比如在条款中在同一家保险公司买保险的一组成员必须不能在同一时间内遭遇相同的风险。
（B）特殊风险
增长风险（过度增长，不协调增长）
如果增长过度或是增加不协调，如果风险选择以及保费计算没有给予充分的考量，或者如果没有充足的资金应对风险，增长就是一类特殊的风险。在过去，增长风险会导致索赔率和成本状况的激增，尤其是新业务。这非常频繁的导致承保的经济崩溃。工作组相信，增长风险没有出现在隔离了其他风险的业务中。它还会导致或加重其他风险，最终危及公司的存在。 　　预防过度增长或不协调增长的风险的方式是通过法律或法规限制增长，以持续经营的基础检查保险公司的发展情况，合适的再保险，充足的资金准备。精算师可以考虑来控制保险公司的增长。
清算风险
流动性风险描述的是保险公司存在的资金在保险业务中断或保险合同到期时不能够充分的应对所有负债。 　　清算风险可以由充足的技术准备金或独立的清算准备金来预防。
（二）投资风险
折价风险（信用、非支付和市场风险）
这是指由于资本市场变化导致投资损失的风险，外币负债的汇率和债务人不支付。 　　预防这类风险的合适的方式主要是多样化或分散化投资，这可以由法律来控制，尽可能选择安全的具有流动性的投资。由于汇率变化导致的折价风险可以考虑采用匹配的资产负债来应对（这也可以认为是匹配风险）。
流动性风险
这是投资在合适的时间以合适的方式不具有充分的流动性，导致保险公司承保不能够满足其财务责任负债。缺乏流动性可能是由于，暂时的资产不能变卖，或者由于法规变化使得保险公司及其债权人之间的交易支付受阻。 　　预防这类风险的合适的方式主要是多样化或分散化投资，这可以由法律来控制，尽可能选择安全的具有流动性的投资。由于汇率变化导致的折价风险可以考虑采用匹配的资产负债来应对（这也可以认为是匹配风险）。

续表

匹配风险
保险公司的资产必须与其经营和到期日期相匹配，以及公司收入要保证在任何时间技术准备金都是充分的（匹配）。因为资产的业绩和回报持续的受到资本市场、汇率市场等变化的影响，还因为这个可能危及技术准备金的持续性，为了承保业务而产生投资风险，这就是一种匹配风险。 　　匹配风险可以采取相应的对匹配性资产和特殊投资的规定来预防。使用金融衍生工具（虽然这被独立看做是一种风险），同样是一种预防措施，尤其是对资产负债到期日不同的情况。 　　应对不同到期日的资产负债风险可以考虑采用投资规定。所谓的弹性测试可以作为一种控制方式。它提供信息：保险公司在改变的投资环境中是否在资产负债之间能够平衡，关于到期日和充足性？
利率风险
关于投资，如果由于市场利率上升而导致保险公司的资产组合的固定利率股票的价格下跌，这就会带来贬值的风险。这个风险同样包括市场利率下降和相关后果（如再投资风险）的风险。 　　预防这类风险可以采取合理的投资组合。
评估风险（和投资有关）
评估风险与投资有关，是指投资被估价过高的风险。这个风险尤其是指所谓战略参与的情形。 　　预防和限制这类风险的先决条件是谨慎和充分的评估投资，这可以由独立的专家来完成。
参与风险
参与风险是指一家保险公司持有另一家保险公司的股票，这就要产生补偿性费用，这会导致持有股票的保险公司受到被持有股票的保险公司经营困难的影响（传染风险）。 　　预防这类风险的合适的方式主要是多样化或分散化投资，这可以由法律来控制，尽可能选择安全的具有流动性的投资。由于汇率变化导致的折价风险可以考虑采用匹配的资产负债来应对（这也可以认为是匹配风险）。
金融衍生品相关风险
使用金融衍生工具需要适应具体的市场风险、信用风险和流动性风险。主要是对一些表外交易，这里没有相应可用的评估法规，因此这就有潜在的估价错误的风险。与金融衍生工具相关的一个具体风险是，除了由于杠杆而导致的高的潜在损失，还有保险公司使用没有培训过的员工处理这类交易，因此增加了这类交易的潜在风险。 　　金融衍生品相关风险最好的预防方式是采用法律或强制规定或保险公司内部规定来限制业务的本质和范围。内部控制机制，对从事这类交易的人员的培训等，采用这些措施可以有效降低内部潜在风险。
（三）非技术风险
管理风险
这类风险是指，由于管理者不胜任或者有犯罪倾向而导致的风险。管理风险可能会是技术风险和投资风险的原因，或者也可能加重这两类风险。 　　降低这类风险的方式是雇用负责的、专业素质高、有丰富职业经验的人员从事管理层工作。通过增加永久性合格和适应方案和内部控制，这类风险可以在更长的时间内被限制。然而，这也不可能完全被预防。国内监管者之间的相互交流并参考国际保险公司管理者和经营者是否合格和适应的情况，可能有助于降低这类风险。
第三方保证连结风险
这是指保险公司的经济能力受限制，如果提供保证的目的是为了第三方的经济承诺可以适当的满足。 　　可能预防这类风险的方法是由第三方提供财务保证，严格禁止将保险公司提供的保证转移给非保险公司和不是同一团体内的保险公司。如果保险公司的金融保证属于同一团体，那么可以通过监管者监管来改善风险。

保险中介到期应收款损失风险
这是指外部第三方没有履行对保险公司的再保险、共同保险和临时保单的义务。如果这类风险是由于临时保单产生的，那这主要是由于通过外部销售渠道获得新业务以及保险中间人没有能力支付应付账款。如果这类风险是由于共同保险产生的，那主要是因为共同保险人将其保险支付的比率转移给处于主导地位的保险公司。 　　有效地防止这类风险的方法是考量充足的风险预防措施。由临时保单产生的应收款损失风险可以通过提供有价证券来预防。

一般性业务风险
一般业务风险主要描述了一般法律环境的修正（例如，修复税收法规以及其他法规）、经济社会环境的变化（被保险态度）、一般业务周期中业务情况和变化，这会对保险公司实施其业务造成影响。 　　预防一般性业务风险的合适方法在一定程度上是有限的，这是因为一般业务风险包括一些异质性风险的成分，而这些是难以避免的。这些风险变得明显的过程，也是各个国家的监管当局在采取监管行为的过程，监管职责应该知道应采取哪些措施。

附录六 KPMG 报告中关于风险的分类

（一）机构层面的风险
纯粹承保风险
在寿险中，纯粹承保风险是指由于预期的死亡率、发病率、寿命变化而导致的索赔的严重程度和频率。   在非寿险中，纯粹承保风险是指由于随机事件，例如自然危险、火灾、污染、犯罪、战争、恐怖袭击等，造成的索赔的严重程度和频率。
承保管理风险
在寿险中，承保管理风险是指由于选择坏的风险（bad risk）以及不合适的产品设计而产生的弱的承保。   在非寿险中，承保管理风险是指由于选择坏的风险（bad risk）以及不合适的产品设计而产生的弱的承保。以及由于定价过低、准备金不足、扩张的管理决策、缺乏经验和大型损失的累积和集中等导致的损失。
信用风险

在寿险中，信用风险是指由于投资和中间人保费负债的违约风险。
  在非寿险中，信用风险是指由于投资和中间人保费负债的违约风险。
  再保违约通常是到时信用风险的重要原因。主要的再保险公司破产对保险公司总体损失经验会造成很高的财务影响。

再保风险
在寿险中，通常，再保风险方案通常没有非寿险中再保方案那么重要。   在非寿险中，再保不充分会导致发生意料之外的索赔或巨大损失时出现财务困难。当然再保险公司破产肯定会导致再保险。
操作风险
在寿险中，欺诈、销售失误、IT 问题、系统和控制失败以及管理失败是导致操作风险的主要原因。   在非寿险中，欺诈、再保方案不充分、IT 问题、系统和控制失败和管理失败是导致操作风险的主要原因。以及关键业务环节中的过程失败。
投资风险
在寿险中，不合适的资产组合、资产估价过高、投资产品类型的资产过分集中会导致弱的投资。相当一大部分的投资风险是由股东推动的。   在非寿险中，不合适的资产组合、资产估价过高、投资产品类型的资产过分集中会导致弱的投资。与寿险情况不同，更大部分的投资风险是由股东推动的。
流动性风险
在寿险中，流动性风险是指当需要时流动资产不能变现，或者必须接受较低的价格变现。   在非寿险中，流动性风险是指当需要时流动资产不能变现，或者必须接受较低的价格变现。

匹配风险
在寿险中，匹配风险是指偶遇现金流、货币和时机风险导致的资产负债不匹配。 　　在非寿险中，由于保险合同的短期性，匹配风险一般不会像寿险那样有大的影响。对长尾业务而言，索赔情况应该匹配。匹配要求在使用不同货币时都满足要求。

费用风险
在寿险中，费用超支更有可能发生在长期的业务合同中。 　　在非寿险中，由于保险合同的短期性质，费用超支的风险通常会小一点。但是，保险公司可能会面对更高的索赔选择费用，例如，法律成本。

失效风险
在寿险中，政策的有效性较低会导致固定成本恢复较低。这会导致前期支付佣金支付很难恢复。 　　在非寿险中，由于保险合同的短期性，失效风险的影响不像寿险中失效风险的影响那么大。但是，保费预算水平过高会影响公司的营利性。前期支付的佣金会因为失效很难得到恢复。

保单条款不充分风险
在寿险中，保单条款不充分会导致公司财务状况虚高。这会导致不合适的承保和其他不合适的管理决策。 　　在非寿险中，保单条款不充分会导致公司财务状况虚高。这会导致不合适的承保和其他不合适的管理决策。

（二）行业层面的风险

审判及法律风险
在寿险中，法庭审判将影响保单持有人负债。这在寿险公司中并不是一类重要的风险。 　　在非寿险中，由于法庭决策与索赔相关，因此法律风险会有更高的影响。

市场变化风险
在寿险中，市场变化风险主要来自保单持有人态度和竞争中行为的变化导致的影响。 　　在非寿险中，市场变化风险主要来自保单持有人态度和竞争中行为的变化导致的影响。此外还有保险周期的影响。当保费收入较低的时期，保险公司遭遇竞争力不高的保险合同，这时就会有较高的风险。

（三）宏观经济层面的风险（系统性风险）

投资市场价值波动风险
在寿险中，由于市场环境导致的投资市场价值的波动，尤其是投资贬值。在投资性产品中，一大部分的投资风险来源于股东推动。 　　在非寿险中，在寿险中，由于市场环境导致的投资市场价值的波动，尤其是投资贬值。与寿险情况不同，非寿险公司所有的投资风险都是由于股东推动。

环境变化风险
在寿险中，自然灾害（例如，洪水，风暴和污染等）会影响死亡索赔和健康索赔。这将增加死亡率和发病率的经验。 　　在非寿险中，自然灾害（例如，洪水，风暴和污染等）会导致损失的严重程度和发生频率增加。

社会及政治变化风险
在寿险中，寿命增加会对养老金成本造成负面影响，但对定期保险是有正面影响的。 　　由于新的疾病（如 AIDS）和人口统计变化会增加死亡率。 　　在非寿险中，由于社会行为（如犯罪和盗窃）会增加损失。责任保险公司中被保险人态度的变化会产生补偿索赔。
经济周期
在寿险中，经济周期的下降会导致保险公司没有能力支付保险金，这会增加保险合同终止（放弃或失效）的数量。 　　在非寿险中，失业率增加会增加偷盗和犯罪损失的数量。经济萧条会导致保费收入水平下降。
通货膨胀风险
在寿险中，通货膨胀率增加会直接影响长期固定合同的支付，如果收益与通货膨胀有关的话。这个还会导致在一些特殊条款中增加医疗费用支出索赔。 　　在非寿险中，通货膨胀对长尾业务的索赔损失有很高的财务影响（例如，索赔处理的法律成本）和索赔通货膨胀（例如机动车保险）。
利率风险
在寿险中，利率风险是一类非常重要的风险，因为它影响资产和负债的价值。 　　在非寿险中，短期利率变化会影响投资收益率，如果投资还没有到期的话。由于非寿险合同都是短期的，因此利率风险的影响并不大。
汇率风险
在寿险中，当具有重大的海外负债时，如果这些负债和同一货币条件下的负债不匹配，就会造成潜在的风险。在投资型产品中，很大一部分汇率风险是由股东触发的。 　　在非寿险中，当具有重大的海外负债时，如果这些负债和同一货币条件下的负债不匹配，就会造成潜在的风险。非寿险业务中的汇率风险比寿险业务更严重。
科技进步风险
在寿险中，由于疾病治愈率提高，寿命提高，这会导致更高的支付经验。更高的索赔时由于健康威胁（如重大疾病）。还有操作风险，例如 IT 系统失效的影响。 　　在非寿险中，新的技术会在增加损失数量，比如系统失效（IT 系统），健康危害和雇主责任索赔，以及新的车、船、飞机的发展。这同样会受到销售渠道效率的影响。还有操作风险，例如 IT 系统失效的影响。

附录七　Keliber 等（2013）关于风险的分类

一、操作风险
a. 内部欺诈：
（i）没有授权的行为，例如，流氓交易；
（ii）偷盗和欺诈。
b. 外部欺诈：
（i）偷盗和欺诈；
（ii）系统安全，例如，钓鱼网站。
c. 雇佣实践和工作安全：
（i）雇员关系，例如，罢工；解雇索赔；
（ii）健康和安全；
（iii）多样性和区别。
d. 顾客，产品和商业活动：
（i）合格、泄露和信托，例如，背信弃义；
（ii）不合适的业务或者市场活动，例如，行贿，洗钱；
（iii）产品缺陷；
（iv）选择，赞助和披露，例如，没有审批客户状态；
（v）咨询活动和销售失败。
e. 物质资产损失。
f. 业务瓦解和系统失败，例如，电脑死机。
g. 实施，输送和过程管理：
（i）客户输入和文档，例如，建立文件时发生错误；
（ii）交易的获得、执行和维护，例如，服务合同发生错误，诸如所有者赔偿等一般交易发生错误；
（iii）顾客账户管理，例如，索赔错误；
（iv）监测和报告，例如，账户误报；
（v）交易对手，例如，资产管理者，再保险公司。
（vi）供应商，例如，外包。
h. 法律法规风险，这种风险带来的资本是由于法规变更、新法律影响内含价值（包括夺取资产）、监管税的不利变化，比如对金融服务补偿计划（FSCS）征税。
i. 操作风险资本，出现的损失会对 OR 资本需求产生"knock on"影响。
j. 聚合和多样性，例如，弱的公司治理导致以上这些风险的多重损失。

二、战略风险
（一）外部风险
a. 市场风险战略影响：
（i）股票市场下降降低了投资销售和养老金转移价值，但是增加了其他类型资金的需求；
（ii）基本利率改变影响有吸引力的存款转移到其他储蓄产品；
（iii）中期债券期限的改变影响结构性产品和固定利率抵押合同；
（iv）股票波动改变也影响结构性产品；
（v）房地产价格和租金影响 buy-to-let 的吸引力但是同样影响案件保护事件的平均大小。
b. 宏观经济风险，更广阔的宏观经济对新兴业务和一般战略都有不利的影响：
（i）抵押借贷额度的变化应先抵押保护业务的额度；
（ii）失业影响一般公司养老金的需求和计划；
（iii）支付增加影响公司养老金递增业务。
c. 信用风险的战略影响：信用的变化影响未来新业务的营利性和一般战略（尽管重新定价可以降低这种影响）；
d. 保险风险的战略影响：续保水平的变化和其他事件影响未来新业务的盈利和一般战略（尽管重新定价可以降低这种影响）；
e. 财务代理风险，和税收变化带来的战略风险相关：
（i）对不同产品的税收发生变化影响对每种产品的需求；
（ii）所有税收的负担影响产品的需求。
f. 政策风险：政策不确定性带来的风险影响需求；
g. 对销售和商誉的监管风险：
（i）对产品分发的影响，例如，RDR；
（ii）对产品本身的监管，例如，利益相关者价格的上限；
（iii）监管资本变化（例如，Solvency Ⅱ）对销售具有"knock on"影响（尽管最初对临时资本需求的影响来源于摩擦风险）。
h. 人口和社会变化风险：一般人口和社会变化的风险（例如，互联网的使用，提前退休的增加）不同于战略的预期或者一开始并未认识到发展趋势；
i. 产品市场趋势风险：对产品市场的趋势预期失败，例如，互换平台的增长超出了预期。
j. 竞争者风险：
（i）竞争者产品价格的影响；
（ii）竞争者占用分发渠道；
（iii）竞争者"偷猎"员工，破坏战略。
k. 分销风险：分销带来的销售收缩的风险，例如，关键分销渠道的顾问减少，或更糟的是，分销不足。包括和分销者关系恶化带来的风险。
l. 产品供应商风险：产品供应商的巩固战略，例如，撤回或者方案缺乏吸引力的风险。包括保险公司依赖再保险公司和更苛刻的再保方案对销售和差额的不利影响带来的风险。

（二）内部风险
a. 产品风险：产品不足够具有吸引力以面对目标需求；或者余量不够充分来应对利润率目标；
b. 服务风险：不仅是服务不够充分来面对目标市场的期望，而且还包括不合适的服务模型，例如，提供一个"Roll Royce"服务；
c. 商标和声誉风险：差的声誉对破坏战略，或者公司的商标没有支持战略的目标：
（i）操作失败（例如销售失败）破坏了公司声誉，或者自己造成的声誉损失（如 Ranters）；
（ii）关注财务实力（通过市场和其他事件）；
（iii）商标不支持战略。
d. 方案风险：方案失败导致商誉利润没有实现。方案失败包括：
（i）提高产品和服务的议案；
（ii）降低成本和改善续保；
（iii）去风险组合和改善风险：回收资料。
e. 价格能力风险：不能够有效竞争：
（i）对产品定价期望过高；
（ii）获得市场中定价产品的有效数据。
f. IT 系统风险：IT 系统不支持产品发展和其他战略目标，或者新业务系统失败，包括销售；
g. 计划和假设风险：没有计划好的战略，包括不完美的假设，同样包括购买新产品方案的不利变化；
h. 内部成本风险：内部成本高于预期，从而降低了新业务的盈利能力，例如，由保险和人口风险造成的高于预期的维护成本，这是费用风险；
i. 成本基础风险：公司的成本基础使其缺乏竞争力；
j. 资本风险：一个公司没有足够的资本来实施它的战略，或者高于预期的新业务量对其财务实力造成了不利的影响。
三、信用风险
a. 债券，可以分为：
（i）公司债券；
（ii）结构性债券，包括 RMBS，CMBS，ABS 和 CDOs；
（iii）准政府债券，包括 municipal 和 supra national；
（iv）主权债券。
b. 个人贷款，可以分为：
（i）个人抵押贷款；
（ii）其他担保个人抵押贷款；
（iii）信用卡和透支；
（iv）其他无担保抵押贷款；
c. 公司贷款，可以分为：
（i）商业抵押贷款；
（ii）其他担保公司抵押贷款（例如，资产金融，贸易金融）；
（iii）短期和中期的公司（SME）无担保抵押贷款；

（iv）大型的（非 SME）无担保抵押贷款，包括联合贷款。
d. 存款交易人；
e. 货币市场的交易对手；
f. 租赁违约；
g. 不通过交易所直接售给顾客的（OTC）交易对手违约；
h. 衍生品交易和票据交换所交易对手违约；
i. 证券借贷交易对手违约；
j. 交易对手违约；
k. 保管机构违约；
l. 再保险违约；
m. 保险和其他资产管理产品暴露风险；
n. 业务相关的借贷；
o. 利息；
p. 销售客户；
q. 赔偿委员会；
r. 其他各种各样的信用风险；
s. 信用风险的聚合和多样性。

附录八　2013 年度财产保险公司原保险保费收入

单位：亿元人民币

资本结构	编号	公司名称	原保险保费收入
中资	A1	人保股份	2230.15
	A2	平安财	1153.65
	A3	太保财	816.13
	A4	国寿财产	318.49
	A5	中华联合	297.12
	B1	大地财产	198.46
	B2	阳光财产	165.98
	B3	出口信用	140.32
	B4	太平保险	108.00
	B5	天安	99.51
	B6	永安	74.79
	B7	英大财产	66.77
	B8	华安	65.85
	B9	安邦	65.00
	B10	华泰	64.48
	B11	中银保险	50.99
	B12	永诚	54.96
	B13	安盟天平	50.06
	B14	都邦	33.74
	B15	浙商财产	30.62
	B16	信达财险	30.43
	B17	紫金财产	30.31
	C1	阳光农业	27.54
	C2	安华农业	27.23
	C3	民安	26.03
	C4	国元农业	23.07
	C5	长安责任	22.41
	C6	安诚	20.20
	C7	鼎和财产	19.43
	C8	渤海	18.04

续表

资本结构	编号	公司名称	原保险保费收入
中资	C9	大众	14.75
	C10	安信农业	9.36
	C11	泰山财险	8.58
	C12	锦泰财产	8.44
	C13	众诚保险	6.23
	C14	中煤财产	4.77
	C15	华农	4.48
	C16	北部湾财产	3.27
	C17	长江财产	2.80
	C18	诚泰财产	2.18
	C19	鑫安汽车	1.96
	C20	富德财产	1.57
	C21	众安财产	0.13
	小计		6398.15
外资	D1	安盟	14.30
	D2	美亚	11.49
	D3	利宝互助	8.47
	D4	安联	6.56
	D5	三星	6.12
	D6	国泰财产	5.19
	D7	三井住友	4.69
	D8	东京海上	4.69
	D9	苏黎世	3.95
	D10	富邦财险	3.57
	D11	日本财产	2.97
	D12	丰泰	2.57
	D13	中意财产	2.01
	D14	太阳联合	1.70
	D15	丘博保险	1.31
	D16	现代财产	1.05
	D17	乐爱金	0.98
	D18	日本兴亚	0.54
	D19	爱和谊	0.50
	D20	信利保险	0.36
	D21	劳合社	0.01
	小计		83.01
合计			6481.16

资料来源：根据相关资料整理。

参 考 文 献

中文参考文献

[1] 中国保险监督管理委员会:《中国保险业发展"十二五"规划纲要》,2011 年。

[2]《中华人民共和国保险法》(第十一届全国人民代表大会常务委员会第七次会议修订),2009 年。

[3] 中国保险监督管理委员会:《保险公司风险管理指引(试行)》,2007 年。

[4] 中国保险监督管理委员会:《保险公司管理规定》,2009 年。

[5] 中国保险监督管理委员会:《保险公司偿付能力管理规定》,2008 年。

[6] 中国保险年鉴社:《中国保险年鉴 2001~2012》,中国保险年鉴社。

[7] 中国保险监督管理委员会:《保险公司偿付能力额度及监管指标管理规定》,2003 年。

[8] 中国保险监督管理委员会:《人身保险公司全面风险管理实施指引》,2010 年。

[9] 中国保险监督管理委员会:《人身保险公司年度全面风险管理报告框架》,2012 年。

[10] 中国保险监督管理委员会:《中国第二代偿付能力监管制度体系建设规划》,2012 年。

[11] 第二代偿付能力制度建设领导小组办公室:《工作简报第 1 期》~《工作简报第 10 期》。

[12] 中国保险监督管理委员会:《关于印发项俊波主席在第二代偿付能力监管制度体系建设启动会上讲话的通知》,2012 年。

[13] 中国保险监督管理委员会:《中国第二代偿付能力监管制度体系整体框架》,2013 年。

[14] 吴晓辉:《我国财险公司偿付能力风险的内部管理研究》,西南财经大学,2008 年。

[15] 宾静:《我国财产保险公司偿付能力监管研究》,西南财经大学,2009 年。

［16］占梦雅：《我国保险公司最低偿付能力资本要求研究》，上海财经大学，2006 年。

［17］赵蕾：《保险企业操作风险度量研究》，同济大学，2007 年。

［18］周宇梅：《中国保险公司操作风险管理研究》，西南财经大学，2010 年。

［19］王宝祥：《操作风险对保险经营的影响》，西南财经大学，2011 年。

［20］谢志刚：《关于保险公司偿付能力监管概念框架的对话》，《精算通讯》，2007 年第 6 卷第 1 期。

［21］谢志刚：《我国保险业和保险公司面临的外部和内部风险因素分析》，载于谢志刚、赵桂芹编《中国保险业：风险、精算、监管》（论文集），上海科技教育出版社，2009 年。

［22］谢志刚：《我国第二代偿付能力监管制度体系建设中的几个关键问题》，《保险研究》，2012 年第 8 期。

［23］周军、谢志刚、陆健瑜：《欧盟 Solvency Ⅱ 与中国保险业偿付能力监管制度建设借鉴》，《精算通讯》，2011 年第 8 卷第 1 期。

［24］谢志刚：《中国精算进展》，上海科技教育出版社，2005 年。

［25］阿尔内·斯坦德姆，江先学等译：《保险公司偿付能力》，中信出版社，2012 年。

［26］谢志刚、赵桂芹：《中国保险业风险、精算、监管》，上海科技教育出版社，2009 年。

［27］谢志刚、周晶：《重新认识风险这个基础概念》，《保险研究》，2013 年第 2 期。

［28］姚卫东、范颖、陈捷思：《基于 ERM 的时间经验理解风险概念——对〈重新认识风险这个基础概念〉一文的分析和补充》，《精算通讯》，2013 年第 9 卷第 1 期。

［29］（美）富兰克 H 奈特（Knight F. H.）：《风险、不确定性和利润》，中国人民大学出版社，2005 年。

［30］谢志刚：《英国和欧盟关于非寿险偿付能力资本要求计算标准及其借鉴》，《精算通讯》，2006 年第 5 卷第 3 期。

［31］王凯、谢志刚：《现金流视角下的保险公司偿付能力定义》，《精算通讯》，2012 年第 8 卷第 4 期。

［32］葛云华、谢志刚、王腾：《澳大利亚 HIHI 公司破产案例》，载于谢志刚编《中国精算进展——精算通讯文萃 1997～2004》，上海科技教育出版社，2005 年。

［33］王腾、谢志刚：《偿付能力监管案例：车辆通用保险有限公司的破产》，载于谢志刚编《中国精算进展——精算通讯文萃 1997～2004》，上海科技

教育出版社，2005 年。

　　[34] 张敏：《保险公司全面风险管理研究》，南开大学，2010 年。

　　[35] 尤瑞金：《财产保险公司风险管理与控制》，厦门大学，2008 年。

　　[36] 陆磊、王颖：《金融创新、风险分担与监管：中国转轨时期保险资金运用的系统性风险及其管理》，《金融研究》，2005 年第 6 期。

　　[37] 高志强：《基于风险的保险公司偿付能力框架研究》，《保险研究》，2008 年第 9 期。

　　[38] 张建：《基于制度设计与措施选择论保险公司全面风险管理》，《保险研究》，2008 年第 4 期。

　　[39] 陈华：《基于安全的中国保险行业系统性风险研究》，《保险研究》，2008 年第 3 期。

　　[40] 刘宽亮、祝向军：《加拿大保险监管中的风险评估模型及其借鉴》，《保险研究》，2008 年第 6 期。

　　[41] 朱江：《加强保险监管，防范和化解寿险分支机构经营风险》，《保险研究》，2007 年第 1 期。

　　[42] 王建伟、彭建刚：《保险在商业银行操作风险管理中的应用研究》，《金融研究》，2005 年第 2 期。

　　[43] 安秀洪、王晓东、丁洪生：《保险中介市场风险状况及监管对策》，《保险研究》，2009 年第 6 期。

　　[44] 刘新立：《论我国保险公司上市的收益与风险》，《金融研究》，2003 年第 2 期。

　　[45] 刘笑萍：《系统性风险、道德风险与存款保险制度》，《金融研究》，2001 年第 12 期。

　　[46] 张君：《论文我国保险公司的风险管理》，《保险研究》，2003 年第 3 期。

　　[47] 洪梅、黄华珍：《我国保险公司操作风险管控体系建设研究——基于国际经验视角》，《保险研究》，2012 年第 11 期。

　　[48] 夏喆、靳龙：《公司治理机制对我国保险业风险与绩效的影响——基于我国保险行业 2011 年截面数据》，《保险研究》，2013 年第 3 期。

　　[49] 隋学深、昊冬梅：《保险公司偿付能力和保险资产风险联动监管机制研究》，《上海金融》，2013 年第 1 期。

　　[50] 项俊波：《2013 年的中国保险监管工作》，《保险研究》，2013 年第 2 期。

　　[51] 王颖：《国际保险监管模式及其实》，《宏观经济管理》，2013 年第 4 期。

　　[52] 魏革军：《积极推进中国偿付能力监管体系建设——访中国保险监督管理委员会副主席陈文辉》，《中国金融》，2012 年第 13 期。

［53］陈文辉：《推进第二代偿付能力制度建设》，《中国金融》，2013 年第 9 期。

［54］张连增、曲珩：《ORSA 的理论研究与实践要求》，《保险研究》，2013 年第 5 期。

［55］洪梅、黄华珍：《我国保险公司操作风险管控体系建设研究——基于国际经验视角》，《保险研究》，2012 年第 11 期。

［56］徐晓华：《保险公司的风险偏好体系》，《中国金融》，2012 年第 3 期。

［57］刘新喜：《财产保险公司风险管理研究——基于精算的视角》，武汉大学，2011 年。

［58］滕焕钦：《财产保险公司风险预警研究》，山东大学，2011 年。

［59］周宇梅：《中国保险公司操作风险管理研究》，西南财经大学，2010 年。

［60］张敏：《保险公司全面风险管理》，南开大学，2010 年。

［61］何勇生：《保险监管的国际比较与我国保险监管的法律研究》，大连海事大学，2010 年。

［62］王少群：《中国保险业整体性风险的分析与管理》，天津大学，2008 年。

［63］舒廷飞：《中国保险集团公司风险管控研究》，西南财经大学，2008 年。

［64］张仕英：《保险公司的风险、外部监管与资本结构的决定》，复旦大学，2008 年。

［65］曾忠东：《保险企业全面风险管理（ERM）研究》，四川大学，2006 年。

［66］中国保险监督管理委员会：《保险公司偿付能力报告编报规则》，中国财经经济出版社，2006 年。

［67］约翰·赫尔、王勇、金燕敏译：《风险管理与金融机构》，机械工业出版社，2008 年。

［68］亚德里安·斯莱沃斯基、卡尔·韦伯：《战略风险管理》，中信出版社，2007 年。

［69］胡为民：《内部控制与企业风险管理——实务操作指南（第 2 版）》，电子工业出版社，2009 年。

［70］德勤华永会计师事务所有限公司企业风险管理服务组：《构建风险导向的内部控制》，中信出版社，2007 年。

［71］李社环：《整体风险管理及其在金融业的应用》，中国财经经济出版社，2008 年。

［72］美国管理会计师协会（IMA）发布，张先治、袁克利主译：《财务报告内部控制与风险管理》，东北财经出版社，2008 年。

［73］中国保监会保险教材编写组：《风险管理与保险》，高等教育出版社，

2007 年。

[74] 克莱尔·贝利斯、约翰·谢泼德、理查德·莱昂，王晓军、吴岚、赵桂芹译：《精算管理控制系统》，中国人民出版社，2004 年。

[75] 魏华：《基于公司治理的中小商业银行风险控制》，经济科学出版社，2010 年。

[76] 约翰·C·肖著，张先治主译：《公司治理与风险——一种系统方法》，东北财经出版社，2009 年。

[77] 雷强编译：《精算职业关于加强全球金融风险管理的建议》，国际精算协会（IAA），2009 年。

[78] 席红辉：《新巴塞尔协议下的风险分类与控制：银行与保险》，《商业研究》，2005 年第 5 期。

[79] 李未、朱雨顺、刘伟：《美国"RBC 标准"对我国保险监管的启示》，《金融经济》，2004 年第 12 期。

[80] 王稳、施敏：《COSO 框架对我国保险公司风险管理的启示》，《保险研究》，2007 年第 1 期。

[81] 金刚、张秋秋：《欧盟国家保险监管模式比较》，《保险研究》，2007 年第 1 期。

[82] 陈华：《基于安全的中国保险行业系统性风险研究》，《保险研究》，2008 年第 3 期。

[83] 于润、叶朝晖、韦毓：《论三支柱框架下我国偿付能力监管》，《保险研究》，2008 年第 2 期。

[84] 王新军、接琪真：《国外保险偿付能力监管模式对我国保险监管的启示》，《保险研究》，2007 年第 2 期。

[85] 赵宇龙：《论保险公司潜在系统性风险》，《保险研究》，2005 年第 7 期。

[86] 朱波、吴晓辉、张爱武：《我国财产保险公司偿付能力影响因素的实证》，《保险研究》，2008 年第 5 期。

[87] 窦力鸣：《对内部控制有效评估是内部审计的重要任务——兼论〈保险公司内部审计指引（试行)〉》，《保险研究》，2007 年第 8 期。

[88] 郭小燕：《论保险资金运用的多层级风险管理体制》，《保险研究》，2007 年第 5 期。

[89] 余海丰、张道明：《美国上市财产保险公司的投资风险》，《保险研究》，2006 年第 8 期。

[90] 李娅、张倩：《AIG 被接管对我国保险业的警示》，《保险研究》，2008 年第 11 期。

[91] 李玲：《我国非寿险公司财务风险预警模型研究》，《保险研究》，2008年第12期。

[92] 赵宇龙、谈永晖：《我国保险公司的风险分类模型：资产负债表的视角》，《精算通讯》，2005年第5卷第1期。

[93] 梁子君：《论保险公司的公司治理、风险管理和内部控制的关系》，《精算通讯》，2005年第5卷第1期。

[94] 谢志华：《内部控制、公司治理、风险管理：关系与整合》，《会计研究》，2007年第10期。

[95] 江勇余、海丰：《美国上市财险公司的承保风险及其启示》，《中南财经政法大学学报》，2007年第1期。

[96] 房永斌：《论完善公司治理结构对加强保险公司风险管理的作用》，《保险研究》，2007年第11期。

[97] 弗兰克·H·奈特：《风险、不确定性和利润》，中国人民大学出版社，2008年。

[98] （美）小阿瑟·威廉姆斯、理查德·M·汉斯：《风险管理与保险》（第五版），中国商业出版社，1990年。

[99] 朱荣恩、贺欣：《内部控制框架的新发展—企业风险管理框架——COSO委员会新报告〈企业风险管理框架〉简介》，《审计研究》，2003年第6期。

[100] 李开斌：《论产险公司偿付能力预警指标体系》，《上海保险》，1998年第8期。

[101] 刘志强：《金融危机预警指标体系研究》，《世界经济》，1999年第4期。

[102] 王文英：《保险公司偿付能力预警系统分析》，《中国保险管理干部学院学报》，2001年第1期。

[103] 粟芳、俞自由：《非寿险偿付能力影响因素的实证分析》，《财经研究》，2001年第7期。

[104] 刘连生：《保险公司预警指标体系的建立与偿付能力指标的量化》，《现代财经》，2001年第12期。

[105] 瞿玲、谢志刚：《对我国财产保险公司监管指标系统的实证分析》，《上海财经大学学报》，2002年第5期。

[106] 钱文挥、宋海林：《我国金融风险预警系统设计及监测分析》，《经济社会体制比较》，2002年第1期。

[107] 黄英维：《论保险监管预警指标体系的建立》，《统计与信息论坛》，2004年第1期。

［108］董小君：《美国金融预警制度及启示》，《国际金融研究》，2004 年第 4 期。

［109］周晶晗：《从欧美财险公司破产看我国非寿险偿付能力监管》，《金融教学与研究》，2007 年第 2 期。

［110］施建祥、李姗姗：《我国非寿险公司偿付能力监管指标的有效性分析》，《江西财经大学学报》，2007 年第 5 期。

［111］胡颖、叶羽钢、候心强：《美国保险业偿付能力研究的评价及借鉴》，《现代管理科学》，2007 年第 2 期。

［112］朱波、吴晓辉、张爱武：《我国财产保险公司偿付能力影响因素的实证分析》，《保险研究》，2008 年第 5 期。

［113］高志强：《基于风险的保险公司偿付能力框架研究》，《保险研究》，2008 年第 9 期。

［114］刘艳玲、董力、李永：《我国非寿险公司最低偿付能力的实证研究》，《经济论坛》，2009 年第 9 期。

［115］王蕾：《论寿险公司财务风险预警指标体系的构建》，《保险职业学院学报》，2009 年第 2 期。

［116］丁德臣、何建敏、杨扬：《财产保险公司全面风险预警系统研究》，《上海保险》，2009 年第 1 期。

［117］孙立娟：《美国保险业财务监管模式及其启示》，《财会月刊》，2009 年第 2 期。

［118］罗玮：《保险公司的偿付能力监管——监管指标与财务指标关系分析》，《经营管理者》，2010 年第 5 期。

［119］栗芳：《中国非寿险保险公司的偿付能力研究》，复旦大学出版社，2002 年。

［120］许谨良：《风险管理》，中国金融出版社，2003 年。

［121］曾忠东：《保险企业全面风险管理系统框架构建》，《经济体制改革》，2006 年第 1 期。

［122］魏巧琴：《保险企业风险管理》，上海财经大学出版社，2002 年。

英文参考文献

［1］International Association of Insurance Supervisors（IAIS）. Insurance Core Principles and Methodology，IAIS public report，2003.

［2］International Organization for Standardization ISO/IEC Guide 73：Risk Management – Vocabulary，2002.

［3］ International Organization for Standardization （ISO, 31000） Guide 73:
2009 – Risk Management – Vocabulary.

［4］ International Association of Insurance Supervisors （IAIS）, Position State-
ment on Key Financial Stability Issues, 2010.

［5］ BIS, 1999, A New Capital Adequacy Framework, Consultative Paper, Ba-
sel committee on banking supervision.

［6］ Frank H. Knight, Risk, Uncertainty and Profit, 1921.

［7］ Henry Markowitz, 1942, Portfolio Selection, *The Journal of Finance*, Vol. 7,
No. 1. Mar. , 1952.

［8］ Von Neumann & Morgenstern, Theory of Games and Economic Behavior,
1944.

［9］ Artzner P. and Delbaen F. et al. , Coherent measures of risk, *Mathematical
Finance*, 1999, Vol. 9, No. 3.

［10］ IAA, A Global Framework for Insurer Solvency Assessment, 2004.

［11］ IAIS, Guidance Paper on Investment Risk Management, 2004a.

［12］ IAIS, A New Framework for Insurance Supervision. Towards a Common
Structure and Common Standards for the Formulation of Regulatory Financial Require-
ments, 2004b.

［13］ IASB, Draft Statement of principles （DSOP） on Insurance Contracts,
2001.

［14］ IASB, IFRS4 Insurance Contract, 2004.

［15］ MARKT, The Review of the Overall Financial Position of an Insurance Un-
dertaking （Solvency Ⅱ review）, MARKT/2095/99, EC internal market DG, 1999.

［16］ Müller Report, Solvency of Insurance Undertakings, 1997.

［17］ KPMG, Study into the Methodologies to Assess the Overall Financial Posi-
tion of an Insurance Undertaking from the Perspective of Prudential Supervision, 2002.

［18］ CEIOPS issues paper, Own risk and solvency assessment （ORSA）, 2008.

［19］ James Lam, Enterprise risk management: From Incentives to Controls,
John Wiley & Sons, 2003.

［20］ American Institute of Chartered Property & Casualty Underwriter （AICPCU）,
Foundations of Risk Management, Insurance, and Professionalism, 2004.

［21］ Arrow, K. J. , Aspects of the Theory of Risk Bearing, 1965.

［22］ FSB, IMF, BIS, Guidance to Assess the Systemic Importance of Financial
Institutions, Markets and Instruments: Initial Considerations, 2009.

［23］ Geneva Association, Systemic Risk and Insurance: an analysis of insurance and financial stability, 2011.

［24］ Geneva Association, Assessment of Systemic Risk Indicators in the Insurance Sector, 2011.

［25］ FSA, Principles-based Regulation: Focusing on Outcomes that Matter, 2007.

［26］ Deneberg, Is 'A – Plus' Really a Passing Grade?, *Journal of Risk and Insurance*, 1967, Vol. 34, No. 3.

［27］ Oxera, Insurance Guarantee Schemes in the EU.

［28］ Kelliber, P. O. J., D. Willmot et al, A Common Risk Classification System for the Actuarial Profession, *British Actuarial Journal*, Volume 18, Part 1, 2013.

［29］ James Lam, Enterprise Risk Management—From Incentives to Controls, John Wiley & Sons Inc, 2003.

［30］ COSO, Internal Control—Integrated Framework, 2013.

［31］ APRA, The APRA Supervision Blueprint, www. apra. gov. au, 2010.

［32］ APRA, Supervisory Oversight and Response System, www. apra. gov. au, 2008.

［33］ APRA, Probability and Impact Rating System, www. apra. gov. au, 2012.

［34］ Hartman David, Robert Arvanitis et al., Study of Insurance Company Insolvencies from 1969 – 1987 to Measure the Effectiveness of Casualty Loss Reserve Opinions, American Academy of Actuaries Committee on Property Liability Insurance Financial Reporting, 1990.

［35］ Massey Roger, David Hart, James Widdows, et al., Insurance Company Failure, GIRO Convention General Insurance Study Group, 2003.

［36］ McDonnell William, Managing Risk: Practical lessons from recent "failures" of EU insurers, 2002.

［37］ Risk Management and Own Risk and Solvency Assessment Model Act, www. naic. org.

［38］ Rosenberg Debbie, Shawna Ackerman, et al., Property/Casualty Insurance Company Insolvencies, American Academy of Actuaries Property/Casualty Financial Soundness/Risk Management Committee, 2010.

［39］ Sharma Paul et al., Prudential Supervision of Insurance Undertakings, The Conference of Insurance Supervisory Services of the Member States of the European Union, 2002.

［40］ U. S. House, Energy and Commerce Committee, Failed Promise: Insurance

Company Insolvencies. A report by the Subcommittee on Oversight and Investigations, 1990.

[41] Oxera's report, Insurance Guarantee Schemes in the EU: Comparative Analysis of Existing Schemes, Analysis of Problems and Evaluation of Options, 2007.

[42] APRA, Regulation Impact Statement Life and General Insurance Capital Review, www. apra. gov. au, 2012.

[43] Pratt, J. W. , Risk aversion in the small and in the large, *Econometrica*, 1964, Vol. 32.

[44] Sarin, R. and Wakker, P. , A simple axiomatisation of non-additive expected utility, *Econometrica*, 1992, Vol. 60.

致　谢

　　本书是在笔者博士学位论文的基础上进一步修改、完善而成的。即将完成之际提笔致谢，感慨良多。

　　还记得当初进入上海财经大学博士研究生入学面试时，我的导师谢志刚老师问我："什么是风险？"我回答："风险是对未来损失的不确定性。"谢老师不置可否，只是微微皱了皱眉，像是在思考。在接下来四年的读博过程中，在谢老师的指导下，我围绕着"风险"学习了很多，不仅是知识，还包括道理。

　　刚接触"风险"这个概念的时候，我觉得太简单了，一句话的事情，甚至不太理解为什么谢老师要揪着这两个字不放。四年里，在谢老师不断的讲授、分析和讨论中，我越来越认识到"风险"这个概念的重要，也越来越认识到"风险"的深不可测。更重要的是，在这样的过程中，更让我明白做学问不是一件简单的事，写论文也不是一件简单的事，不是为了发表论文而写论文，不是为了博士毕业而写论文，不是为了评职称而写论文，写论文应该是真正地发现了一个问题，通过一番思考和研究后，将得到的结论记录下来，这才是写论文的初衷，才是做学问。

　　最近几天，谢老师和学生们分享了一条微信，关于梁漱溟先生做学问的八层境界，这八层境界分别是：形成主见—发现不能解释的事情—融会贯通—知不足—以简御繁—运用自如—一览众山小—通透。在学生们眼里，谢老师在保险业绝对称得上是"通透"，或者至少也是"一览众山小"，他就像一部保险业的"百科全书"，几乎所有你想知道的关于保险的知识和资料，都可以从他那里得到。但是谢老师自己却总是会从"形成主见"的第一步做起，不断地提出问题，不断地回答问题，不断地丰富着自己，也培养着我们这些学生。

　　当然，博士这四年里，要感谢的老师并不止谢老师一位。在这里，我还要感谢我的副导师许谨良老师和赵桂芹老师；感谢你们四年来对我孜孜不倦的教诲和帮助；感谢朱文革老师，感谢您四年来对我无私的支持和教育，感谢钟明老师、粟芳老师、王玉玲老师，感谢你们的中肯建议和指导。

　　毕业以后，我顺利成为西安财经学院经济学院金融系的一名教师。在新的环境里，同样得到了学院领导和前辈们的悉心指导和帮助，从各位老师身上，我再一次深刻领悟到"学高为师，身正为范"的内涵，也励志要像各位优秀的老师们一样，做一名无愧于心的人民教师。在这里，我要感谢经济学院的领导铁卫老师、苏永乐老师，还要感谢金融系每一位共事的同仁，能工作在这样一个互相帮助、互相关心、和谐友爱的大家庭里，真的非常荣幸。感谢刘树枫老师、胡碧老师、刘珺老师、刘菊芹老师、李俊红老师、刘朝晖老师、王晓霞老师、彭丽戈老师、卢燕老师、李坤老师、刘颖洁老师、谢爱辉老师、姚芳玲老师、姚畅燕老师、王学敏老师、任蓉老师、李凌老师、杨馥老师、宋长青老师、牛静老师、陈长民老师、李忠民老师、刘安学老师、王勇民老师、杜伟老师、鹿山老师、邓锴老师等。

西安财经学院学术著作出版资助基金对本书的出版提供了至关重要的资助，在此一并致以深深的谢意！

最后，感谢我的家人，感谢父母的支持，感谢爱人的陪伴。尤其感谢我可爱的儿子，虽然你还不知道妈妈在做什么，但是妈妈不在你身边的日子，你在爷爷奶奶身边如此健康乖巧，让妈妈能够安下心来认真学习和工作，这就是对妈妈最大的鼓励和支持！

谢谢你们！

作者

2016 年 6 月